宮島　喬
Takashi Miyajima

「移民国家」としての日本

——共生への展望

岩波新書
1947

はじめに

今から四半世紀前、「日本は、単一民族の同質社会だ」と誇らしげに語る政治指導者がいたものだが、そうした言葉は、姿を消した。

新型コロナウィルス(Covid-19)の感染拡大の2年間(2020～21年)は脇に置き、過去5年間をとってみると、日本への新規入国外国人(観光や商用等のための入国者は除く)は年平均で43万人を超えた。この数は〝先輩移民国〟であるイギリスのそれと肩を並べる。また在留外国人の数は、2019年現在、293万人となり、今日的なイミグレーション(人の受け入れ)政策の出発点となった1990年、その年の在留外国人数の約3倍である。

なぜ、どのようにして日本は急調に移民国になったか(「移民国」という言葉をここではとりあえず〝中・長期滞在予定の人を受け入れる国〟という意味で使う)。この小著では十分な分析はできないが、次の四つほどの要因または背景は指摘したつもりである。日本の産業構造と人口構造の変化の引き起こした労働力不足／国際的経済環境の変化、特に南（発展途上諸国）と北（先進諸国）の経済格差の拡大／中小資本や第一次産業の労働者確保のための労働力導入政策の要請／補充人口の受け入れを必然化する少子高齢化と生産年齢人口（15〜64歳）の減少、である。

ただ、ここに、欧米諸国ではあげられる南から北への庇護移動（難民）の増加という要因があがってこないのはなぜか。これは問うべき点である。

では、こうして進んだ外国人労働者の受け入れは、フェアに行われたのだろうか。そこにさまざまな問題があったし、現にある。政府、入国管理当局、企業にそれぞれ責任があるが、低賃金、有期雇用、労働者の権利の蹂躙、ブローカーによる中間搾取、ジェンダー不平等（女性移住労働者の差別、セクシャルハラスメント）、等々の問題があった。じっさい、外国人労働者を、単なる労働力としてではなく、「人として」迎えることにどれだけ努めてきたか。議論と反省がなければならない。

しかし、これらアンフェアな労働者受け入れを批判し、正し、外国人／移民の支援をかかげる運動やNGO活動が起こってきたことも注目される。

そしてこの間、就労外国人の行動も変わった。出稼ぎ的な、短期稼働的な働き方、滞在の仕方をやめ、長期滞在または定住を志向する労働者が増える。それは本書で強調したい変化であり、「永住者」という在留資格を得る外国人が百数十万人に達している。「外国人労働者から定住移民へ」、これはヨーロッパで前世紀末までに起こっていたことだが、日本もそれを追っている。その「移民化」過程をどう理解するか、それは日本社会の変動を読み解くカギの一つと考える。

ただ、定住化、移民化が、今の日本で働き、暮らすことに安定と満足を感じている外国人の行動とみてはならない。本書中で触れた中国人のEさんは、日本企業でのエンジニアとしての仕事も順調で、家族(老親)の呼び寄せにも成功し、永住の未来図を描いているだろう。だが、派遣労働者として低額の時給で長時間勤務をこなすブラジル人たちも、「永住者」資格を得ている。今かつかつの低収入で、その仕事を失えば、生活保護に頼らざるをえないかもしれないフィリピン人母子世帯も、帰国は予定していない。ヨーロッパ諸国では、移民の社会統合政策の強化が叫ばれているが、日本でもこれが課題となるのは時間の問題であろう。

そして今日のイミグレーション政策は、将来の日本の経済・福祉社会をどう支えるかという課題と切り離せなくなっている。高齢化と生産年齢人口の減少が進むなか、外国人労働者受け入れは重要な意味をもちはじめている。彼らをどのように迎え入れなければならないか。この点で、〝先輩移民国〟フランスやドイツなどから学ぶべきことが多い。

このようにみる筆者(宮島)は、1970年代のヨーロッパで、移民および移民労働者問題に出あい、関心をいだき、以来その研究に従事するようになった。前著『ヨーロッパ市民の誕生』(岩波新書、2004年)で、移民たちがヨーロッパ諸社会の構成員となり、社会に活力と文化的豊かさを与えていく可能性について論じた。日本における外国人労働者や移民の受け入れの問題は、一国内の孤立した問題ではなく、フランスの、あるいはドイツの経験した問題、課題と共通している。本書でしばしばヨーロッパの現状、動向を比較し、参照しているのもそのためである。

本書をまとめるにあたり、岩波書店新書編集部の中山永基氏から多くの示唆と助言をいただき、それが励みになった。本の作成過程ではさらにいろいろお世話になることと思う。記して、感謝したい。

2022年9月

宮島 喬

目　次

目　次

新大久保の「イスラム横丁」．ハラールフード店などが立ち並ぶ一角（著者撮影）

第1章

「移民国家」日本へ

なぜ、いかにして、を考える

1　「移民国」へ

日本は30年来、外国人労働者受け入れ国であり、さらに今や「移民国」(immigration country)となっている。だが、これを「然り」と認める日本人は多数派だろうか。そうとは思われない。

過去5年間(2014～18年)の日本の新規外国人入国者は年平均で約43万人に上る。観光や商用(ビジネス)などの目的で訪れる短期滞在の外国人の数は除いて、である。この数が100万人を超えるドイツとアメリカは別格として、日本の新規外国人入国者数は、オーストラリア、カナダのそれを超え、イギリスと肩を並べ、フランスの2倍におよぶ。新規入国者数と出国者数の差し引きでみると、つねに入超で、鋏状に入超は広がってその差は20万人を超えている(図1)。なお、ここには年々日本で誕生する外国人の子どもの数は含まれていない。それを加えた在留外国人が毎年増えている計算となる。日本は「移民国」だなどとつゆ考えなかった人には驚きだろう。

そして、日本が移民国になってきたのには、経済的、社会的、人口学的な構造要因があり、

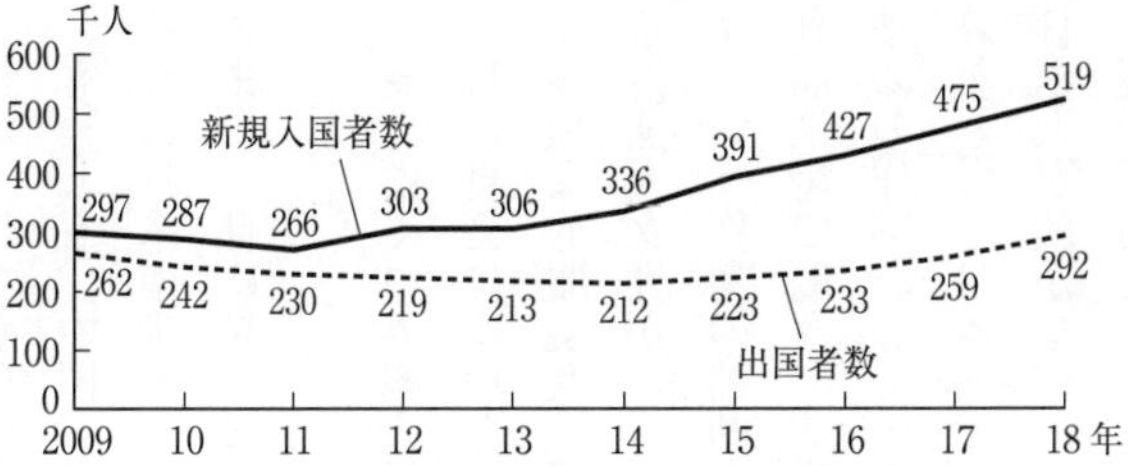

図１　新規入国・出国外国人数

出典：OECD, *International Migration Outlook 2020*

国際的環境にかかわる要因もはたらいたのであり、それを知らなければならない。

さまざまな職場に立つ外国人

働く外国人の姿を、今、私たちはさまざまな職場にみる。建設現場、自動車・電機の部品製造や組立ての工程、縫製や食品工場の作業現場、ホテル・レストラン・飲食店等のサービス労働や接客、施設で働くヘルパーなどの介護職、そしてオフィスや研究所づとめの営業職、技術職、大学や専門学校で教える教員等々に外国人の姿をみかける。テレビでおなじみのニュース番組でコメンテーター役をつとめるＰ・Ｈさんや、女優、リポーターとして活躍するＳ・Ｒさんも、そうだろう。

それに来日一代目の外国人にはちょっと就きにくい専門的職業である、弁護士、司法・行政書士、医師、看護師、図書編集者、新聞記者、司書などでも、第二世代の人々と出会うようになった。

これは、日本が移民の時代に入ってきたことをも感じさせる。

もっとも、中国、台湾、韓国、モンゴルなど東アジア出身の人々、また華僑系のアジア人、それに日系南米人らは、しばしば容貌など外見上日本人と区別がつかない。私たちが気付かぬままに、目に見えにくい多くの外国人／移民が、日本の職場に立っていることだろう。

見えにくい外国人労働のかたちも

目に見えにくいといっても、少し意味がちがう、別の〝働く外国人〟の姿がある。たとえば、小規模な衣服縫製工場で、最低賃金レベルの給与で1日10時間、12時間とミシンの前に座る外国人女性がいる。また、工務店に同じく最低賃金レベルで雇われ、道路建設のタールを流すという作業の補助を一日中やっている外国人がいるかと思えば、その同国人の彼の仲間で、食品工場で働き、5度以下に保たれた冷蔵庫内のような場所で、肉や魚を処理したり、パック詰めの作業をしている者もいる。これらの仕事は、俗に「3K労働」などといわれ、労働者を募集しても日本人で応じる者がいないので、外国人をリクルートするのだ、と経営者は言う。日本人が就かないのは、きついつらい仕事だからだけではない。安い時給しか支払われない非正規の雇用だからでもある。

大都市圏ばかりでなく、地方の小都市、農村、そして漁業と水産加工業に生きる町々にも、働く外国人の姿はある。暑い炎天下で農作業に汗を流す労働者も、水産加工場で魚の仕分けの立ち仕事を１日８時間続ける労働者も、外国人であることがめずらしくない。いずれも最低賃金に近いレベルで雇用されているが、法定最低賃額が７９０～８６１円（２０１９年）という地域でのことである。今や日本人があまり就かない仕事なので、誰がそれらを引き受けているか分からない影の労働になりつつある。今、こうした労働に従事する外国人の多くは、「技能実習生」という在留資格で受け入れられている。

就労目的だけではない

就労ないし稼働が目的の外国人だけではない。入国外国人には、留学生、日本人の配偶者、呼び寄せ家族、それに日本に人道的な保護を求めてやってくる難民申請者もいる。労働力人口に含まれない１５歳未満の子どもや、６５歳以上の高齢者も、（絶対数は少ないが）増えている。

性比にも目を向けると、在留外国人の男女比率は、５０・３％の女性優位である（２０２０年）。これは、何を意味するのだろうか。今日の労働市場の構造変化、すなわちサービス労働力の需要の増大が、女性の労働移動を促しているという面もあるが、結婚のための移動、右に述べた家族帯同や呼び寄せによる家族移動といった諸傾向の反映でもある。

経済的動機がすべてではない

移民、または国際的な人の移動は、貧しい国から富める国への人の移動として起こり、出稼ぎ、または豊かな生活を求めての移住が、移動の動機をなすといわれ、根拠として国と国の一人当たりの年収やGDPの格差があげられる。経済格差を主要因とする見方である。一般的な傾向としては否定できないが、その見方だけでは、人の国際的移動という行為の性格を具体的につかむことはできない。

ある国が発展途上国だとしても、地域や階層にかかわりなく人々が一様に貧しいとは限らず、国外へと移民するのは国内の最貧層ではなく、中間層かそれに近い層の人々であることが多い。たとえばフィリピンやブラジルから来日する移住者男女をみても、故国で農業者だった者はごく少なく、また後期中等教育(日本でいう高等学校)以上の学歴の者がほとんどである。

「カレッジを卒業したが、そのキャリアにふさわしい就職口がなく、海外に出ることにした」という言葉を、フィリピン人の来日者から聞く。これと同じ言葉をくり返し聞いたのは、筆者がヨーロッパ滞在の折に出会った、北アフリカや中東諸国からやってくる青年たちからだった。

これらの国の大学進学率は、アルジェリアの女子の53%をトップに、多くが30%を超える。自国でリセやハイスクールを卒業しても、その学歴にふさわしい就職口は少なく、選択肢は、大学に進むか、または移民、すなわち海外に出てEU諸国に職を求めるか、ということになる。女子の場合、単身移民はむずかしいので、大学進学が多くなる。

ということは、「稼ぐ」という経済的動機がすべてではなく、それとならんで、社会的・文化的・自己実現的な要求をもって国際移動を企てるということである。ただし、そのかれ/彼女らが西欧諸国や日本にやってきて実際に就ける職は、その学歴資格に相応しない職であることが多い。

さらに、家族再結合のための移動、結婚のための移動、庇護を求めての移動など、経済的動機に還元できない他の志向からの移動があることは、指摘するまでもない。

移動のモチーフ

なぜ人々はそれまで暮らしてきた自国を離れて、他国に生きる機会を求めるのか。この「なぜ」は、国際移動に踏み出す人々には根本的な問いのはずだが、たぶん一義的に答えられるものではない。途上国、中進国から先進国への人の流れが、現代移民の圧倒的多数をなすから、豊かな生活を求めての、または稼働のための移動がモチーフとしては大きいだろう。「現代の移民はすべて貧しいとは限らない」と書くT・ラクロアは、国際移動者を、そのモチーフによって、三つのタイプに分ける（T. Lacroix, *Migrants: L'impasse européenne*, A. Colin, 2016）。よりよい雇用や賃金を求めて移動する「経済移民」、家族再結合（呼び寄せ）のため、また新しい家族の形成（結婚）のため他の一国に移動する「家族移民」、人をその生国から余儀なく離脱させるような危機により惹起される移動を指す「不可抗移民」。この第三のタイプは、いうまでもなく難民であり、他国に庇護（人道的な保護）を求める行動という意味で、「人道的」移民ともよばれる。

だが、この三分類で尽くされるだろうか。これに追加すべき、少なくとももう一つの移動のモチーフがあろう。それは、「学ぶこと」である。留学、研修などのかたちをとる国際移動がそれである。留学は、欧米諸国で年々の入国外国人（短期滞在者は除く）の20〜30％を占め、日本でも技能実習・研修を合わせると4分の1を超える。ただし、この「学ぶ者」たちは、数年後には、一部が高度技能経済移民に転じるだろうし、日本の場合では、多くの留学生が入国から時間をおかず、パートやアルバイトの労働市場に入ってくる。また技能実習生として応じ入れられる外国人の場合、モチーフは、「技術・技能の修得と持ち帰り」であるとされるが、実質的には「経済移民」であろう。

過去から現在へ——植民地出身移民

時計の針を少し巻き戻すと、古典的な移民においては、植民地的絆による移動のパターンがあった。旧植民地の現地民が宗主国に、出稼ぎ者また移住就労者としてやってくるもので、イギリスへと向かうインド、パキスタン、バングラデシュ、ジャマイカなどの出身のコモンウェルス移民、フランスへ向かったアルジェリア、モロッコ、チュニジア等の出身の移民が代表的である。「コロニアル・レイバー」という言葉もある。国籍、国境の壁がないか、または低かったこと、親族が国内に在る者も多いこと、英語やフランス語が通じるという文化通有性も、移民の後押しをした。

忘れてならないのは、在日韓国・朝鮮人も、そのような移民、ないしその末裔であることである。今日でもイギリス、フランスでは、コロニアル、ポストコロニアルとよばれる移民は、以前に比べて入国に制限がかけられてはいるが、ストック（滞在・在住者）、フロー（入国者）とも、なお大きいものがある。日本ではこの型の移民はすでに終了しているが、旧移民の二世、三世が日本社会の構成員となりながら、独自のアイデンティティを保ちつつ生きている。

2　グローバリゼーションと移民の時代

グローバル移民へ

1990年代以降のあらたな国際移動者には、「グローバル移民」の語があてられてよいかもしれない。実際、近年の世界の入国外国人統計をみると、ドイツ、フランス、イギリスなど代表的な移民国で、シリア、中国、カザフスタン、ナイジェリア、ブラジル、アフガニスタンなど、あまり馴染みのなかった遠い国からの流入者が増えている。

日本でも入国外国人（観光、商用などの短期滞在の入国者を除く）の出身国は、多い順に中国、ベトナム、フィリピン、韓国と来て、アメリカ、インドネシア、タイ、ネパール、ブラジルと続く。30年前とはずいぶんちがう。

〝地球大〟というのは誇張だとしても、日本と人的・文化的なつながりの薄かった〝遠い〟国からの来日・滞日者が増えた。アフリカ諸国からの新規入国者も年間約1万人となり、これは15年前の2倍を超える。日本のある企業で働くPさんは、アフリカのある国の出身で、旧宗主国のイギリスに留学して、学位を得、そこで職に就こうとしたがうまくいかず、たまたま日本企業の求人アナウンスを目にし、未知の国だったが思い切って応募し、採用されたと語る。ちなみに、彼の同国人の日本在留者は、数十人だという。

情報化、トランスナショナル化

１９９０年代以降飛躍的に進んだ情報化（衛星放送、インターネット等によるリアルタイムでの情報取得）と、迅速な国際移動手段の利用が可能になったことも、移動を容易にした。

Ｓ・カースルズとＭ・Ｊ・ミラーがあげるように、現代の移民現象には「トランスナショナリズム」という特徴が加えられなければならない（Ｓ・カースルズ、Ｍ・Ｊ・ミラー『国際移民の時代』名古屋大学出版会、２０１１年）。国境を越えて移動したり、二つまたは複数の国の間で一つの活動を展開することがノーマルなこととされ、また移動だけでなく、定住もしやすくする重国籍を許容する国も増えている。それが二国間、多国間の条約等によって正当とされる時代にもなってきている（難民条約、留学生受け入れ協定など）。日本は一歩、または数歩はこれに後れをとっているが、トランスナショナル化の方向を追っている。

グローバル化経済と労働力移動

グローバル移民は、先進国主導の経済の国際化、さらには世界化(グローバル化)に巻き込まれた途上国、中進国が、むしろ格差の拡大をこうむり、経済的困難におちいっていることから発生したといえる。先進諸国では、産業構造はサービス産業中心になっているが(脱工業化)、なお不可欠であるため存立する第一次、第二次産業の従事者(全就業者の4分の1程度)の自国内での補充はむずかしくなり、国外からの補充の必要が高まり、これに応じての入移民は、植民地的絆の有無などと関係なく、世界の多くの国・地域に仰ぐようになった。

グローバル移民といっても、能動的・選択的に職や地位を求めて移動する人々ばかりではない。日本やその他の先進国が東南アジア諸国に直接投資して、輸出向けの工場・加工区をつくっていて、そこに農村部から、または隣接国からやってきた労働者の一部が、先進国での就労の機会を求めて移動するというツーステップスの人の流れもある。

日本からの直接投資でつくられた縫製工場で働いていた女性が、技能実習生として来日する機会をつかみ、衣服縫製の職場に入る。東南アジアの一国の出身で、今、技能実習生としてG県内で働いている20代後半の女性は、そうした経路を経て来日した。1日12時間ミシンに向かい、日本の高卒者の初任給程度の報酬を得、その8割は郷里に送金している。「家族は何としても現金収入を必要としているから」と。来日のために親族に借金もしていて、その返済分も含んでいるという。こうした技能実習制度それ自体を、どのように評価するか。それにはあらためて検討を加える。

グローバル移民としての難民

もう一点、見落としてならないのは、グローバル移民のなかに少なからぬ「不可抗移民」、つまり難民あるいは難民申請者が含まれていることである。こうした人たちは、民族的・政治的等の迫害や戦火、殺戮から逃れて、人権抑圧を恐れて、言語・文化・アイデンティティなどの拒絶にあって、等々、動機は一様ではないが、国外に出て、他国に庇護を求めている。

日本でも、労働者、留学生、研修生、観光客として入国し、その後に難民認定の申請をする外国人が増え、欧米諸国に比べて桁違いに少ないが、年に1万人程度となった。申請者の出身国はスリランカ、トルコ、ネパール、パキスタン、ミャンマー、カメルーンと、日本と地理的、文化的に近くない国々もならぶ。2021年にはアフガニスタンから、22年にはウクライナからの避難者も相当数に及んだ。後者から難民申請がどれほどなされるか、まだ分からないが。

こうした人の流れが小なりといえども日本を目ざすのは、この国が難民条約締約国だからであろうが、日本は難民に進んで扉を開いていない。なぜか、それでよいのか。後に論じたい。

移民は常なき移動者ではない

「グローバル移民」という言葉を用いてきたが、この言葉は、もしかしたら誤解をよぶかもしれない。人の移動の時代にあって、人々は母国を離れ、地球スケールで移動し、よりよく働き生きられる地を求め、しばし滞在し、思ったほど稼働や活動ができなければ、遠近を問わず他国に移動する、母国に戻ることもあれば、また必要に応じ国外に働きに出る、といった「絶えざる移動」のなかにある人々をイメージするかもしれないが、これは現代移民の実像とはだいぶ違う。

還流型、出稼ぎ型の移民は、西欧では第一次、第二次オイルショックに後続した経済不況期の1980年代に、ほぼ終わりを告げた(第4章をみられたい)。日本でも、前世紀末頃からニューカマー外国人労働者の、定住といわないまでも、一種の滞留が始まる。「デカセギ」を自認していたブラジル人、来日→帰国→再来日のリピーターの多かったフィリピン人、留学生や就学生として初来日する中国人等が、必ずしも帰国をせず、中長期滞在の手立てを講じ、条件づくりをし、さらに永住許可を申請するようになる。なぜか。それは本書で触れ、考えてみたい主要なテーマの一つである。

考えてもみれば、自国のなかで生きることに困難があり、国外に出たのも、安んじて錨を下ろせる場所(安定して生を営める場所)を探すためであり、絶えざる移動は望むところではない。また、困難な条件が解消されていない自国に戻るという選択は容易になしえない。現代は人の移動の時代であるとともに、定住の地が切実に求められる時代でもある。

3 構造的ニーズと人の移動

人口構造の南北不均衡

グローバル移民は、その受け入れ国(ホスト国)の側の、必ずしも意識されない、その意味で構造的なニーズに応じても動く。その一つは、人口の動態ないし構造の変化に応じてのそれである。すなわち、すでに進行中で、将来もっと拡大するであろう北(先進諸国)と南(発展途上諸国)の人口の不均衡、特に前者に予想される人口欠損(demographic deficit)への反応である。合計特殊出生率(一人の女性が生涯に産む子ども数の平均)の世界平均は、2・5前後だが、世界の主な移民国は、フランスを除くと、1・75以下であり(2019年)、日本も例外ではなく、202

0年には1・33である。少子高齢化が進み、労働力人口の減少が見込まれているのだ。この人口減を食い止めるのに、人口の自然増が見込めるならともかく、そうでない以上、社会増(その一つは入移民)に頼ることになる。世界一の少子国である韓国(2021年の合計特殊出生率は0・81)が、2010年代に日本とまったく同水準の外国人受け入れ国になったのもこの関連で理解されよう。日本では1995年をピークに、生産年齢人口は20年間に12%減少している。これが、その間の在留外国人の倍増と照応しているとみることもできる。

生産年齢人口の減少、これは将来社会・経済の活力を失わせ、医療・福祉体制の危機も招くとされ、解決の方途が探られ、国によってはこのことが移民受け入れと直結されている。ドイツは、1990年代から合計特殊出生率が1・3台で、将来人口推計に最も注意を払ってきた国で、EUの内外からの外国人労働者の受け入れを続けているが、近年、介護従事者のEU域内外からの受け入れを始めており、2018年現在で9万人を数えている。

日本では1990年代にすでに、労働力不足、看護・介護の担い手問題が浮上し、将来の日本の人口構造の変化の予兆とみる見方もあった。その後、さまざまな推計がなされ、2000年を起点とすると、年少人口(0〜19歳)、成年生産年齢人口(20〜64歳)は2030年までに十数%減少し、高齢人口が倍増するだろうとする計算はすでにある(図2)。

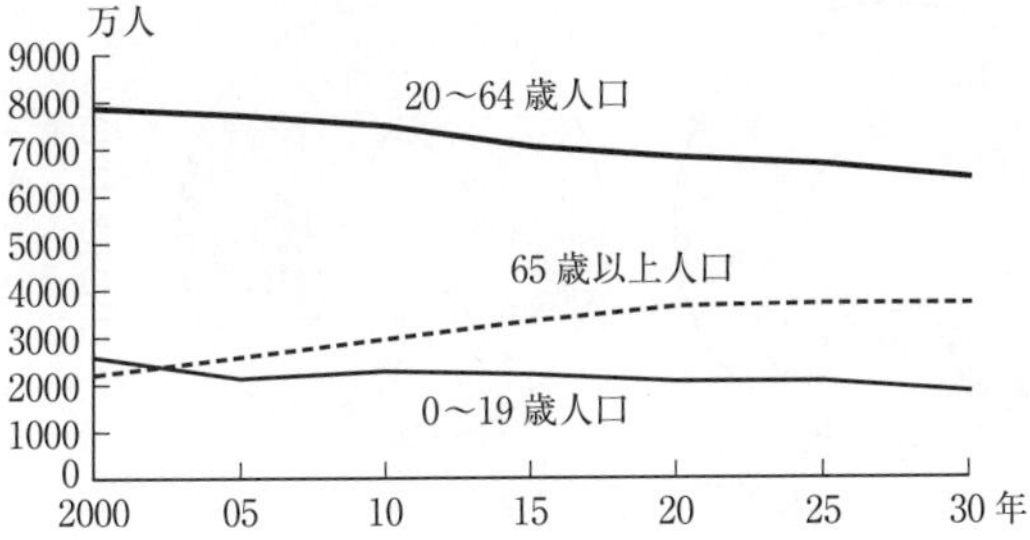

図 2　年齢 3 区分別の人口の推移と推計

出所：国立社会保障・人口問題研究所編『人口の動向　日本と世界』厚生労働統計協会，2019 年より作成

ただし政府とその周辺の論じる少子化対策（2003年の少子化対策基本法など）は、社会増、すなわちイミグレーションには言及していない。日本人の血を分けた人口を増やすことが第一なのだろうか。成年生産年齢人口減が進み、高齢人口がぐっと増せば、納税者数の減少、社会保障制度の機能不全、看護・介護などのケア労働の担い手不足などを結果し、社会を危機におとしいれる。外国人労働者の受け入れがもし定常的な労働力人口、活動人口の増加につながるかたちで行われれば、そうした社会危機は緩和されるだろう。だが、「労働力は必要だが、移民受け入れはしない」というスタンスをとる現在の政府の姿勢からは、この解決策はなかなかみえてこない。

現代世界の構造矛盾と移民

一方、現代の移民現象は必ずしも、市場原理にもとづく

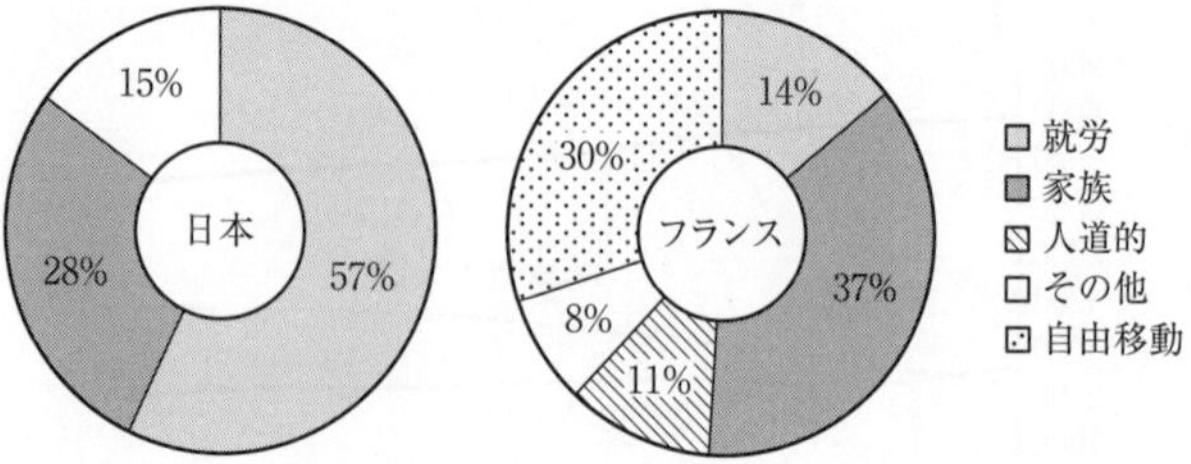

図3　長期滞在予定の入国者(ビザ別，2018年)

「経済移民」に代表されるとはいえず、むしろ市場原理には従わない家族移民、学生、庇護移民(難民)などが、それに匹敵するような重みをもってきている。

東西の冷戦・対立の構造が崩壊し、それに代わるかのように民族自決、分離独立、少数民族排除などにかかわる紛争が東欧、中東、アフリカ、南アジアで発生するようになり、これを解決するのに強権を揮う権威的体制がつくられたりする。それらの紛争、内戦の惨禍や人権抑圧から逃れるため庇護を求める移動者が発生する。先進諸国はこれらの移動者を受け入れ、人道的な保護を与えてきた。ヨーロッパの代表的な移民国の一つ、フランスの場合を見てみると、図3のように長期滞在予定の入国外国人のタイプ別の割合で、「人道的」受け入れが、11%(3万5000人)を占める。ところが、それに比べ、日本のケースでは0%と表示されている(OECD, *International Migration Outlook 2020*)。

「人道的」受け入れ0%とは、皆無ではないが、100人未満ということである。移民とは何かという問題にもかかわるが、途上国から先進国へと労働移民として、留学生として、「観光」名目でやってくる人々には、難民性をもつ者が含まれている。そしてトルコ、ミャンマー、スリランカなどからの入国者から少なからぬ難民認定申請がなされている。これら難民申請に、日本政府は真摯に対応しているのだろうか。現代世界の構造矛盾が投げかけてくる課題に応えているか。欧米諸国にくらべ、難民受け入れが極端に少ないことは一体何を意味するのか。これは日本のイミグレーション政策の、見落としてはならない問題点であろう。

４　「移民国」日本の前史をふまえる

近代日本は人の送出国だった？

〝最後の移民船〟といわれた「にっぽん丸」が、ブラジルほか南米の国々に移住する日本人２８５人を乗せ、横浜の埠頭を後にしたのは、１９７３年２月１４日だった。高度経済成長の只中にあるとみえた日本だが、まだ地方には農閑期に人が出稼ぎ労働に出なければならない、経済成長から取り残された世界があるといわれた（事実、国内の出稼ぎ労働従事者は１９７２年に総計約55万人と、数の上でピークにあった)。

日本で国民叙事詩的に語られるのはつねに、出移民の日本人のことである。まだ元号が慶応だった1868年4月、初めて移民として150人余がハワイへ渡った「元年者」のこと、アメリカで日本人移民の受けた排斥、南米ペルー、ブラジルなどに渡った移住者の開墾の苦闘、みなが悲憤慷慨したアメリカの「排日移民法」の成立(1924年)のこと、朝鮮、満州に渡った(入植した)人々がソ連の参戦と敗戦によってすべてを失い、追われ、引き揚げを強いられたこと、等々が、日本の「貧しさ」とともに想起され、語られてきた。

だが、にっぽん丸の船出からわずか10年後、同じ日本で、「人手不足が日本の産業の活動に困難をもたらしている、外国人労働者の受け入れに踏み切るべきだ」という意見が出はじめる。そして1980年代半ば、後に「ニューカマー」とよばれる外国人が、日本の職場に姿を現わす。その後のことは次の章で論じたい。

移民受け入れ国でもあった戦前30年

だからといって、人の受け入れが、この段階から始まったと考えてはならない。すでに触れたように日本は植民地出身移民をもった国だった。この1980年代でも約60万人の韓国・

朝鮮人が移民、移民第二世代として日本のなかに生きていた事実が厳としてあった。

時間を遡ると、１９１０年の「韓国併合」、そしてかの地を植民地化した日本は、その地に活路を求める日本人を送り込み、一方、その地から、労働者として本土に渡来する朝鮮人が増えてくる。なお、「韓国併合」から遡ること１５年、日本の初の植民地として台湾の統治が開始され、そこからも渡日者があったが、数は１万〜２万人程度だった。それに対し、「併合」とそれに続く３０年間の朝鮮半島からの渡来者ははるかに多く、１９３０年の在住者は約３０万人に上っていた。彼らはどんな存在だったのか。

生活基盤を奪われ、移民労働者として日本へ

日本の朝鮮統治で行った土地調査事業（１９１０〜１８年）の結果、土地への縁故関係を「申告」することができなかった農民は、自分の耕作地の所有権を失った。それらの土地は一部の朝鮮人地主、日本人入植者、日本国家の所有に帰した。土地が基本的生産手段で、近代産業のほとんどない朝鮮では、旧農民たちは外の世界に生きる途を見いだすほかなかった（姜在彦『朝鮮近代史』平凡社ライブラリー、１９９８年）。また、第一次大戦後に活況を呈した日本の産業界が大量の安価な労働力を必要とし、朝鮮に募集をかけ、彼らの渡日をうながしたという事実も

ある。
渡日朝鮮人は、出稼ぎ者というよりは、郷里で生活基盤を失い、生きる途を求めて海を渡った人々である。心の内に望郷の念、帰郷の思いはあっても、ともかく本土で生活、生存する基盤をつくるのに懸命だった。日本における外国人弁護士の第一号となった金敬得《キムキョンドク》(1949〜2005年)は、在日韓国人二世だったが、こう書いている。

私の父は、1927年、18歳の時、単身で渡日し、大阪天満の鍍金(メッキ)工場に丁稚として住み込み、数年後に鍍金職人となった。植民地経済下に、農地を失った農家の三男として生まれた父は、日本に行けば下水道にも米が流れているとの話を聞いて、慶尚北道軍威郡の一農村から、日本人警察部長に渡航証明書をもらって渡日したのである。5年後、親族が決めた隣村に住む母と結婚するために帰郷し、挙式後すぐに大阪に戻った。母はそれから1年後に渡日し、父との生活を開始した。
(金敬得『在日コリアンのアイデンティティと法的地位』明石書店、1995年、54頁)

丁稚として数年間の修業に耐え、ひとかどの職人として自立しようとした姿勢は、出稼ぎ者のそれではない。「渡日者のほとんどは日本永住など考えていなかった。家族の呼び寄せはしても、いずれは故郷に帰りたいと願う者が圧倒的であった」といわれる（趙景達『植民地朝鮮と日本』岩波新書、２０１３年）。思いはそうだっただろう。だが、このようにメッキ、鋳造、マッチ製造、ゴム加工業、メリヤス製造などの小事業所や飲食店で働き、生きる基盤をつくろうとした朝鮮人に、帰郷して暮らしを立てることは現実に考えられなかった。１９３６年には「内地」に暮らす朝鮮半島出身者は７０万人近くに達し、これは合流する配偶者、誕生する子どもも含む数字である。

差別と排斥

彼らは日本国籍とされ、「帝国臣民」に繰り入れられ、皇民化教育を受ける。しかし在来日本人と区別して、「外地人」とよばれる、異郷に生き働く移民であり、移民労働者だった（フランスの植民地統治下のアルジェリアの出身で渡仏した労働者と、多くの点で類似する）。故郷で生きるすべを奪われ、やむなく本土に渡ってくる人々に日本政府は何らかの特別な援助の措置を講じたか。調べるかぎり、そのようなものはない。

彼らを迎えた日本は、支配者の優越意識から、同化を強い、他方、「３・１独立運動」（１９

19年)などに示された日本統治への朝鮮人の強い抵抗には脅威を感じ、警戒心をもって対した。1923年の関東大震災時に「朝鮮人暴動」の流言を広め、日本人自警団および官憲が彼ら数千人を虐殺するという大事件を生んだこと(『現代史資料6』みすず書房、1963年)には、この背景があっただろう。近現代の欧米社会における移民史を見てみても――ナチのホロコーストは別格として――これほどの規模の残虐な排斥事件は記録されていない。なお、この事件の事実の究明の誓いと謝罪が日本の歴代の政府によってなされたであろうか。

一律「外国人」に――進む貧困化

時間は飛ぶが、戦後、日本残留の朝鮮出身の人々は、引き続き日本人であり続けたが、サンフランシスコ講和条約の発効する1952年4月、日本政府の決定で一斉に日本国籍を失い、外国人として生きることになる。この時、国籍選択の自由はなく、重国籍容認もなかった。戦後、イギリス、フランスなどで植民地や海外属領が独立するとき、程度の差はあれ国籍選択の自由が認められたのに比べると、異例だった。また、フランスでは、先に述べたアルジェリアが独立する数年前(1958年)、「本土在住アルジェリア労働者とその家族のための社会行動基金」という大きな基金が国費によって創設され、社会保障給付で彼らが被る不利益を補塡するなど、生活支援がはかられた（同基金は後年「移民労働者社会行動基金」〔FS〕と名称を変え、移民労働者一般の援助基金となる）。日本ではそうした支援体制は組まれない。

同化への圧力は、戦前に比べより無形のものとなるが、社会職業的な差別は続き、零細な自営業、中小企業の労働者、同胞企業の従業員などが彼らの就きうる仕事だった。戦傷の癒えないこの時期、日本人全体も貧しかったが、それに輪をかけて貧窮化した朝鮮人にあっては、生活保護の被保護実人員が1955年に13万7000人余（5人に1人）に達していた（副田義也『生活保護制度の社会史』東京大学出版会、1995年）。

なお、この生活保護を外国人となった朝鮮人に適用しつづけたことは、1950年5月施行の生活保護法が保護を受ける権利をもつのは（日本）国民と定めていたにもかかわらず、政府（厚生省）が、当時6万人近い朝鮮人が保護を受けていた事実を考慮し、また朝鮮人全般の生活の窮状をみて保護は維持すべきだと判断したのだといわれる。だが、一方的に彼らの日本国籍を抹消しておいて、生活保護を打ち切るなどということは道義的にも到底ゆるされなかった。これは当然の措置だったというべきだろう。なお、政府はこの措置は暫定的なもので、生活保護の適用ではなく「準用」であるという立場をとった。

自助努力で差別に抗する

それから数十年、韓国・朝鮮人（以下、「コリアン」という）の地位、生活は改善されたと一応いえるが、それは日韓条約、国際人権規約、難民条約などの締結や批准が、否応なく日本政府に彼らの処遇を変えさせたものである。日韓条約にもとづく「地位協定」（1965年）で、正式に彼らに「日本永住」の資格が認められ（今日では「特別永住者」とよばれる）、1980年代に社会保障諸法が在日外国人に開かれ、公営住宅法等が改正されて、公営住宅入居の道が開かれ、住宅金融公庫（現・住宅金融支援機構）からの住宅ローンも受けられるようになる。

表1　民族ごとの職業分類

	日本人	在日韓国人
上層ホワイトカラー	22.4%	14.2%
下層ホワイトカラー	20.2	12.4
自営業	23.2	52.1
ブルーカラー	28.3	21.0
農業	5.9	0.3
実数	1092人	676人

注：2つの調査の男性サンプルのみを比較している

それでも、コリアンへの社会的差別、とりわけ就職差別は続き、それは彼らの職業的地位に反映される。一つの調査報告がある（表1）。二人の社会学者の作業によるもので、1995年「SSM（社会階層と社会移動）調査」の結果と「在日韓国人の社会成層と社会意識調査」の結果を突き合わせたものである（金明秀・稲月正「在日韓国人の社会移動」高坂健次編『日本の階層システム6』東京大学出版会、2000年）。ホワイトカラー（企業の事務・管理・専門職）の地位にある者が少ないばかりか、ブルーカラー（マニュアル職）の比率も日本人以下である。このように雇用労働の市場から半ば排除され、彼らの半数以上が自営業セクターに生きなければならなかったと解釈される。その自営業とは、飲食業、遊戯娯楽業、廃品リサイクル業等だったであろう。だから、その地位達成、教育達成、生活水準アップなどはコリアンたちの自助努力に負うところが大きい。コリアン同士の相互扶助や、教育熱心で経済的困難があっても子どもを中等教育以上の学校に送ったこと、などが彼らを助けたといえる。

二世、三世の独自の生き方と「在日」アイデンティティ

在日コリアン二世以下の人々の生き方は、差別への抵抗、対抗、民族的なルーツへの思い、しかし在日の独自性（韓国人そのものでもない）の意識、のなかに生きるそれとなっている。早世した在日の作家、李良枝《イヤンジ》（１９５５〜９２年）は、その作品「由熙《ユヒ》」（芥川賞受賞）で、在日二世として生まれ育ち、自分のルーツと民族的なものを知り、学びたいと欲しソウルに留学する主人公由熙が、民族の音曲と舞踊に強く惹かれるが、言葉、生活感覚、周囲が自明視する考えになじもうとして叶わず、自分を韓国の生活に招き入れようとする、しかし「遠さ」を感じさせる知己に別れを告げ、「母国」を去り、日本に発つ、その間の激しい心の揺れを描いている。

母国の韓国人の意識とも、同化を迫られる日本的文化ハビトゥスとも相容れない、独自の在日アイデンティティをかれ／彼女らは探ってきたのではないか。

それでも、二世、三世のコリアンたちになっても生活と社会的地位のひずみはなくなってはいない。日本語能力、学歴、社会生活の経験等で日本人と同等である在日コリアン二世、三世への直接、間接の就職差別は、右にみたように依然なくなっていない。

そうしたオールドタイマー移民、コリアンたちの受け入れと扱いに、日本および日本人の側にきちんとした総括、反省があるだろうか。

難民の受け入れの初の経験

１９８０年代の日本は、かなり質の異なるイミグレーションを経験する。インドシナ難民の受け入れである。

１９７９年に国際人権規約Ｂ規約を批准し、日本は、「難民の地位に関する条約」（難民条約）に１９８１年加入する。かねて国際社会から、また国連難民高等弁務官事務所（ＵＮＨＣＲ）から要請があり、まずベトナム、次いでカンボジア、ラオスの政治社会的激変の後に発生した難民の一部を受け入れることになる。これには当初、日本人の側に二種の質を異にする抵抗と戸惑いがあった。いわゆるベトナム戦争におけるアメリカ軍による枯葉剤使用や無差別に近い〝北爆〟に反対し、１９７５年４月の北ベトナム軍のサイゴン入城を、彼らの解放の偉業の達成と認識した筆者らの世代には、その後ほどなくして発生したボートピープルを、どんな意味で迫害の犠牲者とみるべきか分からず、判断に躊躇があった。いま一つの抵抗は、政府や一般住民にも共有されていたもので、「難民」への理解や共感の欠如による。

事実、人権・人道の観点から外来者を受け入れるのに日本政府は消極的であり、１９７５年頃から到着し始めるベトナム系ボートピープルを当初は「一時滞在者」としてのみ受け入れ、「定住」を許可するのは後のことだった。このように日本は難民の迎え入れに前向きだったとはいえず、難民定住促進センター（神奈川県大和市、兵庫県姫路市）の開設・運営も、ＵＮＨＣＲ、日本赤十字社本社、宗教団体（カリタスジャパン、立正佼成会）などに依存するというありさまだった。政府が国の施設として大村難民一時レセプションセンター（長崎県）を建設・開所するのは１９８２年のことである。その翌年、より大規模な国際救援センター（東京都品川区）が開所をみる。

国際人権への義務を負う国へ

それでも、インドシナ難民を受け入れるという新事態は、少なくとも三つの変化をもたらした。一つは、日本も遅ればせながら難民条約締結国になったことであり、国際人権への義務を負う国家に向けての一歩を踏み出したことである。出入国管理令は、1982年、法律「出入国管理及び難民認定法」(入管法)に生まれ変わる。ただし、難民の受け入れと認定にかかわる法律を、外国人の出入国と在留を管理する法律のなかに組み入れ、所管を同じ法務省入国管理局(現・出入国在留管理庁)とするのは適切だったたか。

第二に、難民条約参加によって求められたのは、同条約第24条(自国民との同一待遇)による、社会保障における〝国籍条項〟の撤廃であり、政府はこれを行う。日本に定住する難民の生活を保障するためだったたが、それはコリアンなどすべての在日外国人にも及ぶものであり、意義は大きかった。

そして第三には、この時期に前後して、難民の定住等を支援するボランティア団体、NGOが次々と誕生したことである(「難民を助ける会」など)。学校に通う子どもたちを助ける補習教室を立ち上げるボランティアの活動も生まれる。神奈川県を例にとると、難民の家族が比較的多く入居したいちょう団地(横浜市)や横内団地(平塚市)の周辺には、そうした学習室が生まれ、ボランティアの教員、退職教員、会社員、学生などが、学習用具を持って通って来る子どもたちを指導していた。人によっては、この時期を「日本のボランティア元年」とよぶ。１９９０年以降に活動が活発化する外国人支援ＮＧＯの先ぶれをなす動きだった。

言語、家族、子ども――難民受け入れで直面する課題

受け入れられた難民が、日本で暮らしはじめて、コリアンを中心とする移民の受け入れでは問題とされなかった、三つの課題があることが気付かれた。それは、言語、家族、子どもの問題だといっておこう。

日本への留学生だった者を除くと、来日難民のほとんどは日本語未習で、そうした人々数百人、数千人を定住者として受け入れるという経験は日本になかった。すぐに学校に通い始める子どもの場合はともかく、３０～４０代の大人は、定住促進センターに入所し、４カ月間の日本語教育を受けても、十分な日本語の使い手になれない。そのため日本語教育、生活指導などを継続的に行う体制がとられねばならなかったが、それは十分ではなかった。

家族の帯同や後からの合流もあり、家族生活が営まれるようになるが、統合された家族生活をもつのは容易ではなかった。父(夫)は職に就き、働きに出るため、必要最小限の日本語会話

と文字判別はできるようになるが、母(妻)は家に閉じこもり、自国の脱出時やキャンプ生活での過酷な経験がトラウマを残し、そのこともあって日本語習得がはかばかしく進まない。学校に通う子どもは、より自由に日本語を使えるようになるが、反面、ベトナム語など母語を話せなくなる。親子の間の意思疎通が困難になる。

子ども自身についてはどうか。親との意思疎通が十分できないことに悩みながら、他方、自分が家族のなかで唯一日本語の会話、読み書きができるため、親に頼りにされ、親に物事を教えるような立場にも立たされ、かえって親への尊敬の感情をもてなくなるという悩みをもつようになる。アメリカの移民・難民の研究者A・ポルテスのいう「不協和な文化変容」である。筆者も1990年代に神奈川県内で難民第二世代の中学・高校生にインタビューをし、そういう悩みを訴えるカンボジア人生徒の声を聞いた。

難民を受け入れ、定住をサポートするには、日本語教育、生活適応指導、就職あっせんなどが必要とされたが、さらに家族カウンセリングなど、心のケアも必要だったといえる。だが、そうした態勢は十分にはとられなかった。

難民から勤労住民へ

約四半世紀の間に、日本は計約1万1000人のインドシナ難民を受け入れ、定住支援を行う。数として多いとはいえないが、日本にとって貴重な経験となった。難民たちは、定住支援プログラムの下で教育、オリエンテーションを受け、就職あっせんを得、センターを出て、神奈川、兵庫などの諸地域に居住していった。職に就くにも、日本語能力が十分でなく、前職と相違し——故国では商店経営者、官吏、教師だった人もいた——金属加工、電機・機械、自動車組立てなど製造業の工場労働に就くケースが多かった。

それでも、経済的自立には努め、勤勉に働き、京浜や阪神の工業地帯の一角で製造業を支える一つの力にはなった。なかには、元日本留学生で、理系大学院に学び、難民として再来日し、就職した小規模な製造企業で技術部長のような指導的役割を担っていた人もいる。

ポストインドシナ難民の日本

インドシナ難民の受け入れ、保護のプログラムは、2005年度で終了となる。だが、日本が、難民条約を批准し、「難民認定」を字面にかかげる国内法をもっているという事実はそれとして重い。同条約の締約国として、日本は庇護移民を受け入れ、保護するという義務を負いつづける。

表２　難民庇護の状況

（人）

年度	定住難民（インドシナ難民）	難民申請者数	難民認定数（条約難民）
1997	157	242	1
1998	132	133	16
1999	158	286	16
2000	135	216	22
2001	131	353	26
2002	144	250	14
2003	146	336	10
2004	144	426	15
2005	88	384	46
2006	—	954	34
2007	—	816	41

出所：法務省，外務省の資料より作成

インドシナ難民の場合は、１９７５年国連総会の決議によって該当地域（最初はベトナム、後にカンボジア、ラオスも含む）から迫害、人権抑圧、戦乱などの難を逃れて脱出した者を、個々に審査することなく、包括的に「難民」と認めて保護の対象とすることとした。その際、「難民および脱出者」(refugees and displaced persons)という言葉も使われ、事実上、難民条約の定める「難民」よりも広い範囲の対象を含んでいた。

１９９０年代末からのポストインドシナ難民のフェーズにいたって、日本は難民条約にもとづき、難民認定の審査を行うこととなる。そして、難民申請を受け付け、難民認定の審査を行うことになったのは、前述のように政府機関であり、その結果はというと、難民としての外国人の受け入れ（難民認定）は驚くほど少ない。欧米諸国のそれとまったく比較にならず、年に数十件、時には一桁の数字にとどまった（表2）。これは、今日にまでつながる問題である。

めっき工場で働くフィリピン人の技能実習生や研修生たち(提供＝朝日新聞社)

第2章

外国人労働者の受け入れと日本

働く外国人の姿を、色々な職場にみるようになったことは、すでに触れた。だが、どういう仕組みと経緯のなかで、外国人労働者または移民労働者が日本の社会経済世界に取り入れられていったかとなると、分かりにくい、それこそブラックボックス的な過程もある。それを探ってみよう。

1　外国人労働者の受け入れへ

外国人労働の現況をみてみる前に、日本がどのようにして外国人労働者受け入れ国になったか、その経緯をみておく。その経過のなかに、今日の日本の外国人労働者の受け入れの特質と問題点に関係する出来事や、政策決定とその錯誤などが示されているからである。

「労働開国」の発端

「労働力不足が日本の産業の活動に困難をもたらしている、外国人労働者の受け入れに踏み切るべきだ」という意見が登場し始めた頃のことを先に書いた。

１９８０年代半ば、韓国・朝鮮人以外の在留外国人は１５万人程度にすぎなかった。そこで、たとえば、もともと日本での就労が可能とされてきた日系二世の外国人が応じ入れられて、職に就く。主にブラジル人で、日本との二重国籍の者もいて、入国時には外国人として扱われなかった者もいた。また、中国人や、それまで日本に馴染みのなかった東南アジアおよび南アジアの外国人が、留学生として、ないし日本語学校で学ぶため、さらには他の目的をかかげ来日し、中小の製造業の工場現場や、ときに建設現場にも立つようになる。これと同じくらい、外国人登録をしない(できない)「観光」等の目的で入国し、職に就く外国人が増え、滞在期限(１５日、３０日、９０日)を過ぎても働き続けるようになった。摘発されれば「不法就労者」、「不法残留者」となり、その数は年間１万人を超えた。

政府も方針を改め、外国人(労働者)の受け入れ拡大の方法の検討に入る。その結果が、１９８９年成立の出入国管理及び難民認定法の一部改正である。改正入管法の中身がどんなものかは後に触れるとして、同改正法の施行(１９９０年６月)後、新規入国外国人は急増し、外国人登録者数も年間１０万人ずつと急テンポで上昇する。

ここで、外国人労働者の受け入れをうながした内外の条件、要因にも触れておきたい。

昂じる労働力不足

1980年代後半、産業界で「人手不足」を訴える声が高まる。有効求人倍率の数字をあげることもできるが、象徴的な事実を一、二あげたい。

この頃になると、中学校卒の就職者はごく僅かとなり、工業高校卒業者がこんどは〝金の卵〟となる。彼らは、引く手あまたで、大企業に就職するようになり、中小企業は労働者を補充できなくなった、とある雇用主は嘆いていた。当時、筆者が出会った埼玉県のある鋳物工場の経営者はこんな思いを語った。「東南アジアの国々に行くと、「日本で働きたい」と真剣に話しかけてくる青年たちがいる。彼らの一人と養子縁組し、日本に連れてきて働いてもらい、跡継ぎにできないか、と本気で考えている」

先にも触れたが、かつて東北・北陸・山陰地方などからの農閑期の、または通年の50万人を超えるような規模だった出稼ぎ労働が、種々の理由で80年代には半減し、その分、建設現場、土木工事、中小製造業などで必要を充たしてきた労働力が欠けることになり、別の労働力を求めねばならなくなる。

比較のために言及すれば、かつては名だたる移民送り出し国だったイタリアやスペインが、移民受け入れ国に転じるのは１９８０年代のことで、その前段階には、国内の労働力移動があって、それが労働力需要に応えていた。南イタリアから北のミラノ、トリノ周辺の工業地帯へ、同じくスペイン南部のアンダルシアからバルセロナなど北東部スペインの大都市へと労働力移動が起こり、労働力需要が暫定的に充たされるが、やがて８０年代には、その労働力移動の流れも細り、それぞれに外国人労働者を受け入れていく（今では両国は数百万人の外国人／移民人口を擁している）。

高学歴社会の自家撞着

日本が高学歴社会へと変わりはじめ、高校進学率が９０％を超え（１９７０年代）、右にのべたように中卒の就職者は僅少となり、大学進学率も上昇する。大卒者は、基本的に大企業志望で、職としては事務・専門職、技術職、高度サービス職を志向する。製造業において基幹労働者になってきた工業高校卒の就職者も、大企業から引っ張りだこになったことは先に書いた。

女子の場合、かつては中卒者が繊維産業や衣服縫製業の労働力の中心だったが、この時期、中卒者はいなくなり、高卒女子もこの労働分野に入ってこず、やがて外国人女性が後を埋める（技能実習生として）。関連して思い出すのはイギリスの例で、イングランド北部、ブラッドフォードなどを中心に19世紀以来立地していた繊維・衣服産業の労働者から、1980年代にはイギリス人(アイリッシュ系も含む)が退いてしまう。それを主にカシュミール系のパキスタン移民の女子が埋めていった。

じっさい、発展し比重を増していくハイテクや高度サービス産業の職(ジョブ)は、日本人では学卒者、かなりの高卒者も引きつけ、残る製造業、建設業、林業、水産業などのマニュアル・ジョブに就く者が減る。教育達成を尊ぶ社会のまさしく自家撞着といえる。

そうこうするうちに「観光」等の名目で入国し、工員、建設作業員などとして働く外国人が増加するが、入管法ではそうした外国人の就労を認めていないので、見つかれば「不法就労者」とされる。80年代末、法務省の電算機がはじき出す推定「不法残留者」は10万人に近づいた。だが、「不法」者を取り締まるだけで問題が解決するわけではない。

変わる国際環境と外国人就労

日本経済の国際化、世界化、これは1980年代から争えない趨勢だった。ソニー、東芝、トヨタ、日産、ホンダなどのブランドは、アメリカ、ヨーロッパ、アジアの市場で知られていないところはない。世界はいわば日本の輸出市場という一面をもちはじめるが、そうなると為替レートのあり方も国際的に問題視されるようになる。米ドル高が続き、アメリカの貿易赤字が積み上がり、円安の下で大量輸出をする日本が、その原因をなすとされ、アメリカの提唱による５カ国の会議で、ドル高是正のため協調介入することが決まった（１９８５年９月のプラザ合意）。１米ドルが２３５円から１５０円台へ急変した。変動相場制が強められ、一挙に円高に転じたのだ。

日本の輸出は減少し、経済危機の黄信号がともったが、反面、海外に出る日本人は円の強さを楽しめるようになり、その裏返しで、海外から日本にやってきて働く外国人が円建てで賃金を受け取ると、高水準の稼得となる。これが、日本での就労を希望する者を引きつける。世界は情報化の時代に入りつつあり、中国でも、フィリピンやパキスタンでも、地球の裏側のブラジルでも、日本に関するこうした情報を敏感にキャッチする人々が生まれる。

思い出すと、１９９０年前後のことだが、筆者は東京都内で、あるパキスタン人青年と行き合って、こんな話を聞いた。「今、日本語学校に通いながら、工場で毎日働いている。国にいる妹が近く結婚するため、ダウリーを準備しなければならず、円高の日本がよいと父から命じられて、やってきた」（ダウリー dowry とは、結婚に際し夫方から妻方に要求されるしばしば高額の持参金。インドの風習だが、パキスタンにもある）。日本がこのような出稼ぎ移動の目的国になっているのに驚いた。

ただし、これは現在まで継続している状況ではない。アジアの国々の経済成長が進み、賃金上昇も起こり、かつての「円高日本」が、２０２０年代では円安基調の国となり、外の目からみて円建て賃金の魅力は薄れている。このことは、日本の今後の外国人労働者受け入れに課題を投げかけている。

入管法の改正

１９８９年１２月、改正入管法が成立した。日本の入管法は、現在の名称での制定（１９８２年）以来、その趣旨として、外国人の入国をはかるよりも、入国の資格を厳しく定め、入国と滞在をいかに管理するかに重きをおいてきた。改正入管法は、「出入国の公正な管理」という趣旨は変えないものの、外国人が入国し、滞在し、就労できる間口を広げるという方向転換をはかった。法改正の趣旨を説明する法務省の高官は、従来になく来日する外国人の在留中の活動が多様化し、外国人雇用の拡大の要請があることに応えることを、こもごもに語っていた。

じじつ、外国人が入国し滞在することができる資格（在留資格）を１８から２８へと拡大し、それを、「技能」、「技術」、「人文知識・国際業務」、「教育」、「医療」……などの名称を付けて、明示した。それに「定住者」という在留資格を新設し、これを日系三世外国人等の受け入れに充てることとした。

ただし、一般労働者、つまり工場、建設現場、一般事務作業などで働く労働者を迎え入れるゲートは設けられているか。これには改正入管法は明確な答えを出していない。入管法改正案の衆議院通過の際、附帯決議が付され、それが「いわゆる単純労働者の受入れについては……広く国内各方面の意見をも見極めつつ引き続き十分な検討を重ねること」とうたっていた。こうして改正入管法は、専門能力や技術をもつ外国人は積極的に受け入れるが、「単純労働者」は受け入れない、とするものと解釈された。そして、これはその後議論の的となる。

研修生の受け入れを拡大

入管法改正からほどなくして、政府（法務省）は、同法にかかわる省令を改め、企業が「研修」の在留資格で受け入れられる外国人の数を拡大する。従来は常勤従業員数の２０分の１以下としていたのを、従業員５０人以下の企業でも３人まで受け入れ可とした。

「研修」とはなにか。それは「本邦の公私の機関により受け入れられて行う技術、技能又は知識の修得をする活動」であり、就労の認められる資格ではない。だが、企業では研修生を受け入れると、座学や固有の意味での技術指導はそこそこに、on-the-job training（ＯＪＴ）の名の下に、実質就労させていく。それを予想しなかったわけではない入管当局が、研修生の受け入れ数拡大を認めたのだ。これにより、製造業の小企業でも、農業や水産加工の小事業所でも「研修」による外国人労働力の利用が可能となる。企業が外国人研修生に給していた研修手当は──賃金ではないという理由で──月額６万〜７万円というところが多く、最低賃金を下回っていた。こうして、外国人技能実習制度への準備が事実上進められていった。

外国人技能実習制度がスタート

改正入管法の施行後、政府は現業労働に従事する外国人を受け入れる方法を模索し、１９９３年、「外国人技能実習制度」を発足させた。この制度は、議会で審議される法改正ないし新法制定のプロセスを経ずに、行政主導で、経済界の一部（中小資本、特に経営課題を抱える小製造業など）の要求を汲みつつつくられたものである。そして、制度趣旨には「研修」という要素が盛りこまれた。すなわち、制度は「わが国で培われた技能、技術又は知識の開発途上国等への移転を図る新たな研修制度」と銘打たれ、企業に研修生として受け入れられた外国人は一定期間の実務研修と日本語などの研修を終えると、技能検定試験（当時１３３職種）を受け、一定水準以上に達している場合、雇用関係を結び、実務実習(就労)を行うというもので、併せて最長で24カ月(のちに36カ月)という期間制限が置かれた。

同制度を歓迎した企業の多くが、低コストで外国人労働力を調達しうる道ととらえていて、建前と実際の運用の乖離が、当初から予想されていた。

2　外国人労働者の増加の軌跡と背景

以上の法と制度の改変で、外国人の流入はいちじるしく増える。1989年の在留外国人数98万4000人余にたいし、11年後の2000年のそれは168万6000人余と、70%増であるが、この間の在日コリアンの減少を考慮すれば、ニューカマー外国人の増加は80%を超えていただろう。1980年代半ばまでは、在日外国人といえば、8割以上が韓国・朝鮮人だったが、その時代は過ぎ去ったのだ。

日系南米人労働者の急増

1990年代に入り、まず新規入国者数、そして外国人登録者数が上昇カーブを描き人々を驚かせたのは、日系ブラジル人、その他南米人であり、改正入管法施行から3年の内にその数は、3倍に跳ね上がる。ブラジルでは1980年代、経済不況が襲い、失業または雇用の不安定化により、多くが都市中間層化していた日系人たちも生活危機にさらされた。この危機を乗り切るのに、彼らは、出稼ぎのメリットを宣伝する業者の勧誘もあり、日本に働きに行く決意を固める。「単純労働者は受け入れない」と政府は公称していたが、「定住者」という在留資格の新設が効いたわけで、日本人の孫であることを証明する書類を整えられる外国人は、来日でき、就労も自由となった。こうして、日系三世のブラジル人やペルー人が主力をなし、その入国が続く。リーマンショック直前の2007年には、両国とその他中南米人を合わせて40万人に達した。

筆者が訪ねて、インタビューした愛知県T市の、ある自動車の下請け部品工場の事業主の言葉は、こうだった。「労働者を募集しても、高卒の日本人はなかなか来てくれない。彼ら(ブラジル人)が来てくれて、本当に助かっている。欠勤などなく真面目に働いてくれるし、残業もすすんで引き受けてくれる」

アジアからの人、労働者の流れ

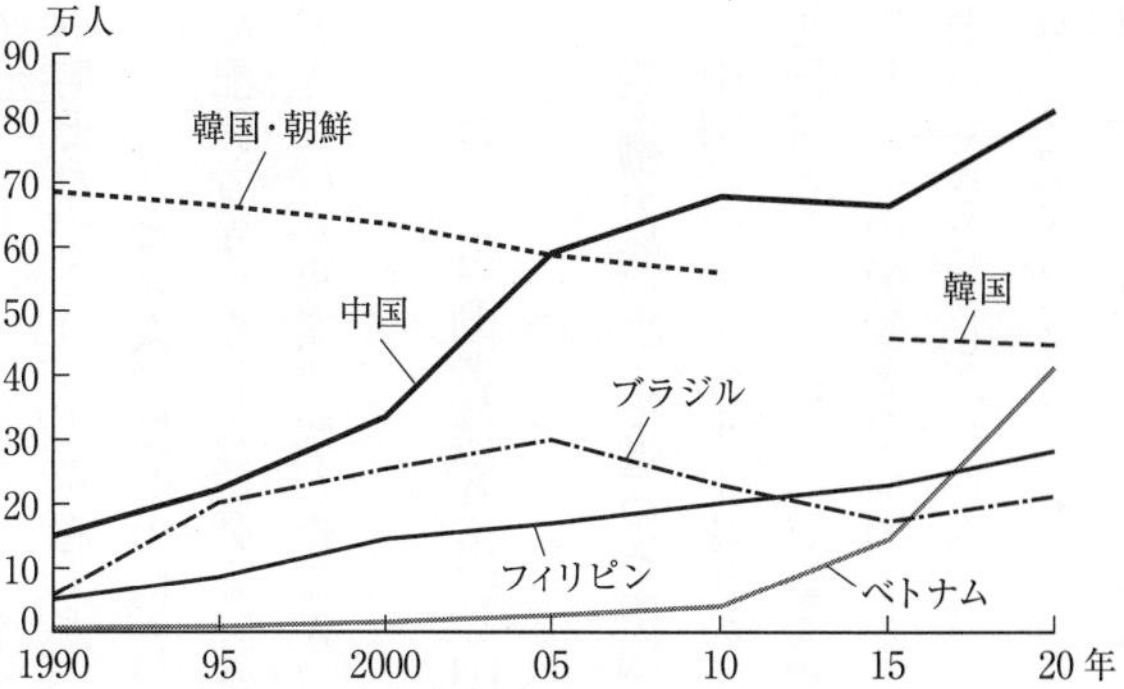

図４　在留外国人数の推移(国籍別)

それほど目立つ急増ぶりではないが、アジア系労働者の入国は、それでも一貫した大きな流れをなしてきた(図４)。１９８０年代にコリアンに次ぐ第二位の外国人集団(約１５万人)だったのが中国人で、１９９５年には２２万人、２００７年には６０万人を超えていた。同じく増加がいちじるしいのはフィリピン人で、その在留者数は１９９０年を起点とすると、９５年には１・５倍増、２００１年には３倍増を超えて、１６万人近くになっている。

中国人の場合、改正入管法が、専門的・技術的能力をもつ外国人を積極的に受け入れるとしたことに敏感に反応し、「技術」、「技能」などの資格に適う者が来日するようになるが、それ以上に、留学生としての来日が増加していた。将来学位等を得て、日本企業に就業することを欲してであろう。以上は、比較的高学歴の中国人の場合だが、中国は階層(級)差の激しい社会でもあり、地方・農村部などからは、学歴中レベルの若者・壮年層が、少し遅れて技能実習生に応募し、来日するようになり、一時それが10万人を超えた。

フィリピン人労働者の場合、女性の占める割合が大きく、「興行」(エンタテイナー)、「日本人の配偶者等」などの活動分野を、毎年数万人の規模で埋めていった。後者の場合、無償労働を引き受ける専業主婦となるか、自営業の家族従業者となることもある。

3 労働者送り出し国の事情

「労働力輸出」を進める中国

中国はすでに鄧小平時代の1980年代から「改革開放政策」の一環として「労働力輸出」を国策とした。国内の貧富の格差と人口問題の解消、外貨の獲得等をめざし、海外に人を送り出し、その労働者が帰国することで技術をもち帰るという技術移転をもねらい、同政策を推し進めてきた。しかし日本は、労働者受け入れの門戸は開かなかったので、別のルート(留学生、就学生)をさぐることになる。なお、留学生とは日本の大学または大学に準じる学校に学ぶ者、就学生とは高校や各種学校等で教育を受ける者を指し、日本語学校生は後者である。1984

年、日本語学校で学ぶための入国手続きの簡素化がはかられ、日本で学びつつ、アルバイト就労する中国人就学生が一挙に増加する。

入管法改正後、「技術」や「人文知識・国際業務」に在留資格を切り換えて就労することがより容易になり、また留学生、就学生が資格外就労で行うアルバイトも１０万～２０万人の労働力に匹敵した。これに技能実習制度を使っての人の送り出しが加わることは、先に書いた通りである。

男女両系の移民送出国、フィリピン

背景の事情はかなり異なるが、フィリピンでも、国内の経済不振、貧困、学歴に見合った職を得られない若年人口の増加、などの問題の解決のため、海外への労働移民の送り出しに力を入れた。それを半ば国策とし、海外雇用庁（ＰＯＥＡ）という政府機関も立ち上げていた。これによって送り出されるのは、船員、看護・介護職、家事労働者、エンタテイナーなどとして働く人々である。フィリピンは男女両系の社会であり、女性も生計維持のために外に働きに出るのは普通であり、英語が使えるという条件で海外移民に発つ者も多かった。

日本でのフィリピン人女性の就労分野の一つは、「興行」（エンタテイナー）となる。これは日

本の入管政策が行った限定と開放の結果といえた。プロの歌手、ダンサー、俳優などとして芸術アミューズメント産業で働くものであり、フィリピンではオーディションを行って合格した者に同ビザを取らせ、日本に送り出していた。しかし、この「興行」による受け入れの実態は、後に見るように、内外から批判の対象となる。

一方、JFC(Japanese-Filipino Children)の名でよばれる日系フィリピン人の来日が、今世紀には増えてきて、その一部(特に男子)は、日系人ということで、自動車の下請部品工場などで働くようになる。JFCは、日本人男性とフィリピン人女性の間に(日本国内での出会い、または企業の駐在員等として現地滞在中の出会いから)生まれた子で、主にフィリピンで育った者を指し、数万人に達するとみられる。日本国籍の確認のため来日する者があった。

なお、この子どもたちは、親の一方(父)が日本人であるが、しばしば両親が婚姻関係になく父の認知にも問題があるとして、日本国籍の確認を求めても阻まれてきた。しかし、彼らの側から提訴がなされ、2008年に日本の最高裁は(生前認知ではなく)生後認知によっても国籍を取得できると判決し、国籍法も改正された。以来彼らによる日本国籍取得もぐっと増え、数千件に達するといわれる。

こうして日本人となったことで来日は容易になっても、父親が協力的で呼び寄せ、身許を引き受けてくれるといったことのない限り、言語(日本語)も不自由で、日本の社会生活に不慣れで、仲介業者頼みで仕事を探し、不安定な労働者生活を送る。JFCが生きていくうえで非常に厳しい一面である。

外国人労働者としてのコリアン

今はアジアでも有数の外国人労働者受け入れ国となっている韓国も、1990年代当時は工業化を急ぎ、新興工業経済地域(NIEs)に仲間入りしようとする国で、エネルギーと食料輸入のため外貨を調達しなければならず、そのために海外(特にUAE[アラブ首長国連邦]などの産油国)に出稼ぎ労働者を送り出していた。日本にもニューカマーとしてやってきて、就労する者はかなりいて、政情不安の済州島から脱出し、来日する同島出身韓国人も多く、非正規滞在・就労の比率が高かった。1991年に約3万1000人の「不法残留者」があったから、その数倍の就労者がいたことと思う。在日コリアンとちがい、日本語を使えない者も少なくなく、日雇いのようなかたちでマニュアル労働に就く者が多かった。当時韓国人労働者が集《つど》っていた場の一つが、寄場と簡易宿泊所のある横浜市寿町だった。

ついでに触れると、前章で見てきた在日コリアンは、二世、三世の時代に入っていた。雇用に就き、働く在日コリアンも「外国人労働者」だろうか。形式論理的にはそうであろう。彼らも入管法の適用を受け、外国人のしるしである外国人登録証明書を携行しなければならない。

ここで一つの議論が起こる。1980年代末、労働省（現・厚生労働省）は、外国人雇用届け出制度を構想し、そのためにすべての事業所に雇用した外国人を届け出させる制度案を打ち出し、この「外国人」にはコリアンも含むことが予定された。それには政府内部でも異議が出たが、在日コリアンたちから反対の声が上がる。日本生まれが多く、父母も、本人もある時期まで日本人で、いまだパスポートをもたない者も少なくない。多くが日本の学校に学び、日本人と変わらぬ教育を受けている。それなのにコリアンへの就職（採用）差別は、はなはだしいものがある（日立製作所による朴鐘碩《パクチョンソク》［新井鐘司］さんの内定取り消し事件など）。雇用外国人の届け出制度の適用対象にコリアンを含むなら、これが差別に利用されるのではないか、という疑念があった。結局、この外国人雇用届け出制度は、特別永住者（在日コリアン）をはずすことで決着し、それが今日の「「外国人雇用状況」の届出状況」（厚労省）に踏襲されている。

筆者は当時このイシューをめぐり、数人の在日コリアン二世にヒアリングをしたが、「日本生まれで日本人と同じように働き、暮らしてきた自分たちを、「外国人労働者」として、区別し、管理するのか」という意見、「外国人を雇うとその都度役所に届け出なければならないとなると、雇用主は煩わしく感じ、外国人雇用を避けるのではないか」、「私たちにも国籍をたずね、〝外国人お断り〟の挙に出るのではないか」という懸念の声を聞いた。

４　持続可能なイミグレーション政策だったか

受け入れの基本原則は何だったか

１９９０年を起点とする外国人労働者の受け入れのシステムづくりは、どんな方針、原則にもとづいていたのか。

参考までに、外国人労働者受け入れの先輩国フランスの例を示すと、両大戦間期に外国人労働者の組織的な受け入れを開始し、大戦による中断を経て、戦後の早い時期に、国として外国人労働者を多数受け入れることを決定するが、その際、受け入れの基本方針と原則をこう定めている（１９４５年１１月２日政令《オルドナンス》など）。①移民を大量に受け入れる、②移民の募集、受け入れは二国間協定にもとづき、国が独占的に行う、③移民の定住とフランスへの溶け込みを容易にする、④移民の家族呼び寄せを認め、これに経済的援助を与える。

ここで「外国人労働者」ではなく「移民」という言葉が使われているのは、③、④のような原則の下での外国人労働者の受け入れが、移民の受け入れになることをあらかじめ踏まえていたからである。右4点に比べ、1990年時点での日本の方針表明は、曖昧で、基本原則を欠くものだった。

「単純労働者は受け入れない」という方針

日本政府は、外国人労働者を募集し、受け入れるという方針を内外に宣明せず、高技能や専門能力のある外国人を積極的に受け入れるが、単純労働者は受け入れないことを方針とした(第6次雇用対策基本計画、1988年6月閣議決定)。

なぜか、ということはさておき、この場合の「単純労働者」とは何だろうか。それは、「日本標準職業分類(1960年3月設定)」上の、「J 単純労働者 80~81」(荷造工、倉庫夫、仲士、土工など)よりはるかに広く、製造、建設、運輸などの現業労働(熟練労働者も含めて)のほか、専門能力を要しない事務、サービス労働なども含むもので、先に示した改正入管法の在留資格でカバーされないもののすべてを指した。しかし、もしもこの方針を貫くと、入管法の改正を欲した人々が望んだ、諸分野における労働力不足の解消の要求に、なかば背を向けることになる。それは、経済界の大勢が望むところでもなかった。

なぜそんな考え方がとられたのか。単純労働者の定義も示さず、政府部内や入管行政担当者で議論がなされ、単純労働者が多数流入すれば、社会・文化的に深刻な影響が生じるとし、暗に文化摩擦や犯罪に言及するような意見が表明された。また労働問題専門家から、「ヨーロッパの失敗」が教訓として言及された。フランスやドイツでは受け入れられた大量の低熟練の外国人労働者が失業人口となりつつ定住していることが強調され、その轍を踏んではならない、と。一面的な、単純化された見方であろう。

世論は「単純労働者」の受け入れを拒否しない

一般の国民はどう感じていたか。当時世論調査も行われ、「外国人の単純労働者の受け入れについてどう思うか、という質問がなされた。結果は「受け入れない方がよい」３３％、「条件をつけて受け入れた方がよい」が５６％である（朝日新聞、１９８９年１１月６日）。ということは、国民は、必要とする労働者を受け入れられることが第一で、「単純労働者は不可」などの前提は立てるべきではないというリアリズムに立っていたことを意味する。

産業界の意見もほぼ同様であり、労働者受け入れにもっと切実感があり、「単純労働者」を一括りにし、不可とすることに異論を示した。筆者が意見を聞く機会をもった東京商工会議所傘下の小メーカー企業の経営者は、こう言っていた。「特段の技能をもたない外国人の若者も、わが社に受け入れますよ。やる気があるならどんどん仕事を教えます。ひとかどの労働者にする教育と訓練には自信があります」

「サイドドアから」の受け入れ――偽装の労働者受け入れ

実はここで使われた在留資格「定住者」も「研修」も「留学」も、入管法の分別する、「就労の認められる在留資格」には入っていない。少し細かい話になるが、「定住者」は、「身分又は地位にもとづく在留資格」であり、就労に制限はないが、就労を趣旨とする資格ではない。また、「研修」は、留学や就学と同じように、〝学ぶこと〟を趣旨とする在留資格の一つをなす。もしも就労を趣旨とする在留資格（「技術」、「人文知識・国際業務」、「技能」など）で外国人を受け入れるなら、専門能力をもつこと（学歴、経験年数などで測る）、日本人と同等額またはそれ以上の報酬を与えること、常勤であること、などが許可要件となり、審査が行われる。これは就業ビザとよばれる。

ところが、たとえば「定住者」という在留資格での受け入れでは、それが異なる。許可要件はそうした点ではなく、日系三世であれば日本人の実孫であることが証明できることである。

来日後、働く場合には、それが非正規雇用であろうと、派遣労働であろうと、最低賃金水準に近い時給であっても、それ自体が問題とされることはない。

「技能実習生」としての外国人の受け入れも、就業ビザによらず、一般ビザでよしとされ、その点では「留学」や「研修」と同じである。実際には就労させる目的で受け入れているのに、非就業ビザで入国している。これには偽装の労働者受け入れといわれかねないものがあろう。

ランダムに２０００年という年をとってみる。同年の「在留外国人統計」から、就労形態が推定できる外国人、約５７万人(永住者、留学、就学、家族滞在を除いたもの)をみてみると、有期の、時給による雇用に就いていると思われる者が、４分の３だと推定される。これこそが、日本における外国人労働者の受け入れが主に、「フロントドアから」ではなく、「サイドドアから」の受け入れになっているといわれるゆえんである。

公正、透明な受け入れが担保されたか

先に紹介した戦後フランスの例や、１９６０年代に(西)ドイツでも始まる外国人労働者受け入れで確認される、二国間協定にもとづき募集・受け入れを国家が独占的に行うという方式は、日本ではとられなかった。前記のように「単純労働者は受け入れない」という建前をかかげる

ことで、「日本は外国人労働者を受け入れます」と内外に宣する途を自ら封じてきた。これでは、二国間協定を結んでその国からこれこれの条件で労働者を迎え入れ、しかじかの条件で就労させるといったことを定めるのも不可能である。

受け入れの「透明性」は、現地での労働者の募集、渡航準備指導、送り出し、受け入れ企業とのマッチングなどを非営利の公的機関が行い、あっせん業者の仲介を排除することである。この受け入れ方式がなぜ必要と考えられたかというと、二つの理由があった。

第一に、他国で働き、生活する外国人は、往々にして弱い立場に置かれる。言語が不自由である、先進社会の労働慣行や労働法規になじんでいない、社会保険などの社会保障制度に無知である、等々のため、不利な条件を押し付けられやすい。彼らの労働条件や労働者としての権利を保障するのに、あらかじめ国と国が協定を結んでおけば、労働者の不安が除かれる。この二国間協定で最低限、内国人労働者と同等の待遇、および同等の社会保障の権利などを定めるのが、西欧諸国の場合であった。

第二に、労働者の募集、採用、自国までの搬送を国家ないしそれに準じる公的機関が独占するのは、営利本位のあっせん業者や派遣業者の介在を排し、多額の手数料が徴収されたり、紹介、あっせんが利権化するのを防ぐためである。外国人受け入れの公正性、透明性を維持するためだった。

なお、ヨーロッパ諸国で理想通りにつねに、公正、透明な外国人(移民)労働者の受け入れが行われたわけではない。(旧)植民地出身の労働者には例外扱いがなされたり、1970年代半ば、EC(ヨーロッパ共同体)域外出身の外国人労働者の新規受け入れが一方的に停止されたりした。また陸続きの国境であるため、密入国して仕事に就く外国人も少なくなく、あっせん業者の仲介によるケースもあった。公正、透明な受け入れを貫くことはむずかしかったが、原則が放擲《ほうてき》されてはいない。

あっせん業者が介在、労働条件が不安定

日本では、どの国ともそうした二国間協定は結ばれずに、受け入れが進められた。募集、入国手続、来日旅程準備を派遣業者にゆだねるケースも多く、そのリクルートの過程は公正、透明とは言いがたい。

たとえば日本での就労、稼働を希望するブラジル人労働者の場合、現地で募集し、日本へ送り出すのはプロモーター、ブローカー、日系旅行社、ビザ代書屋などのかたちをとる営利的機関がほとんどで、これを日本側で受け入れるのも、連携する派遣業者、自動車産業と結びつき

の強い構内下請け業者などである（丹野清人『越境する雇用システムと外国人労働者』東京大学出版会、2007年）。つまり、公的機関の関与はほとんどなく、労働者は来日にあたり、さまざまな紹介料、手数料、保証金、旅費などを支払うか、または債務として負っている。

借財を負いながらの来日――技能実習生の受け入れの不透明性

技能実習生として労働者の募集、採用、準備研修、受け入れの過程には不透明な要素がある。それは特に、仲介機関、送り出し機関の不透明な関与である。たとえばベトナムからやって来る技能実習生の場合、「社会主義」をかかげる国であるためか、公私機関の区別は明瞭ではない団体が、実習生希望者から、あっせん、紹介、渡航準備研修のため多額の手数料を徴収し、保証金まで積ませることがある。そのためかれ／彼女らはしばしば、驚くほどの借財を負って来日している。

〔ベトナム出身の技能実習生のNさん（女性）は、ある縫製工場で働いているが、〕来日前、仲介者3人を経て、送り出し機関の紹介を受けた。……仲介者3人に計2600万ドン（約11万7747円）を手数料として支払った。さらに都市部にある送り出し機関に、渡航前研修の学費などと合わせ計1億7000万ドン（約76万9890円）を支払った。結局、さまざまな費用として来日におよそ2億ドン（約90万5750円）を費やした。Nさんの貯蓄ではこの費用をすべてまかなえず、彼女はベトナムの国営銀行である農業地方開発銀行（労働者海外送り出しの国策に従い貸付けを行う）から1億5000万ドン（約67万9310円）を借り入れた。

（巣内尚子「外国人技能実習生と重層的な困難」『Migrants Network』211号、移住連、2020年）


技能実習制度は国の制度設計による外国人労働者受け入れのしくみなのに、なぜ、現地のそうした営利団体にも近い仲介・あっせん機関を排除しなかったか。政府の責任が問われる。

一方、日本側の受け入れ機関となる監理団体は、公的性格のない業界団体に近いものもあり、技能実習生の利益、権利を守る役割をはたしているかどうかは疑わしい。日本最大の監理団体を名乗り、日本語教育や通訳派遣などの世話もする、その名を知られたI公益財団法人も、受け入れ企業から少なからぬ会費、手数料を取っている。

日本語教育なしの受け入れでよいか

また国など公的機関による募集、受け入れの体制がとられないことの一つの弊害は、迎え入れる外国人への、きちんとした日本語教育がなされないことである。来日外国人の日本語教育は、ほぼ民間の日本語学校にゆだねるというのが入管政策の基本とされたが、日本語学校は質に問題があるものがある上、その授業料は、途上国等から来日した若者に負担できる額ではない。

この点、たとえば移民国オーストラリアは、やってくる移民や難民に英語を習得させるプログラムをもち、政府が各地の英語学校に委託し、無料で大人向けの英語教育を提供していて、数百時間の受講も保障されている。ヨーロッパでもドイツやフランスで、中長期滞在が予定される新規入国外国人に、それぞれドイツ語、フランス語の習得を義務づけ、一人数百時間の受講を保障している(無料または低廉な授業料で)。

1990年代から数十万人の南米系の労働者が日本の土を踏んできたが、まとまって日本語教育を受けた者は少なく、仕事、生活をしながら日本語を覚えた者を含め、「日本語ができる」とする者は限られる。たまたまブラジル人を取り上げたが、日本語で会話が「できる」は、「まあまあできる」40%を含んで75%で、「漢字が読める」は、多く見積もっても24%にすぎない(表3)。日本語能力も労働能力の一部をなす以上、言語教育なき労働者受け入れは、彼らの労働能力を減価させ、彼らを弱い立場に置く。それだけが理由ではないが、ブラジル人

表３　日本語能力（ブラジル人，静岡県在住）

（%，N＝1922）

	ほぼ完全にできる	わりとできる	まあまあできる	あまりできない	まったくできない	不明・無回答
日本語で会話する	7.3	27.8	40.0	16.5	4.4	4.0
漢字が読める	2.7	5.3	16.1	28.8	38.6	8.5

出所：静岡県外国人労働実態調査，2008年実施

は大半が非正規雇用にとどまっている。

技能実習生には日本語学習が義務づけられていて、その点は異なるようにみえる。日本語研修の受講時間が活動予定時間の６分の１以上という規定があり、活動時間が１９２０時間を予定されている場合、３２０時間以上ということになるが、実際の時間数はだいぶ少ないようである。来日前に自国で決められた時間数の日本語研修を受けていれば時間数は半減されるという規定があり、これが使われているからだという。

日本語教育を軽視するということは、国・企業の側に、受け入れた労働者を継続的に雇用し、技能養成をはかり、有能な労働者に育てていく用意がなく、当座の人手不足への対応として、有期で雇用し、ローテーションしていくという姿勢があることを意味するのではないか。

国際社会からの批判――ジェンダー差別と「人身取引」

公正の問題に立ち帰る。外国人労働者の受け入れにおいて、人権保

護はつねに重要なポイントであり、また男女の「人」の扱いである以上、ジェンダー差別、セクシャルハラスメントなき受け入れが目指されなければならない。

一般に、女性移住労働者には、受け入れ国は限られた労働分野を開くにとどめるようで、そこにすでにジェンダー差別があるといえるが、主な分野は家事労働、看護・介護職、対人サービス労働、エンタテイナーなどである。日本では、外国人女性に最も開かれてきた就労分野は「興行」(エンタテイナー)だったが、これは果たして適切だったか。

「興行」による来日者で最多だったのはフィリピン人で、その新規入国者数は多い時には年に5万~8万人に及んだ。すでにみたようにフィリピン側は、オーディションもして歌手、ミュージシャン、ダンサーなどの有資格者を送り出していたが、受け入れる日本の側では、業者あっせんで、彼女たちをしばしばバー、キャバレーのホステスとして働かせ、客に法外なサービスをさせたりした。由々しい人権侵害である。そして、同ビザで日本で働いていたマリクリス・シオソンさん(21歳)の不審死(1991年)が、強い懸念をよび起こした。それらを契機にフィリピン政府も、エンタテイナーとしての渡航の要件を厳しくし、海外に出る労働者全般の尊厳の擁護、移動先の国の協力による権利の保護などを定めた「1995年法」を制定した(小ヶ谷千穂『移動を生きる』有信堂高文社、2016年)。

だが、同法による事態の改善の試みも効果を上げず、エンタテイナーとしての人の送出は続き、日本政府は、内外から批判を受けつつ「興行」の入国ビザを発給しつづける。そして、この「興行」での外国人女性の受け入れが実質「人身取引」にあたるとの国際社会からの強い批判(米国務省の「人身取引年次報告書」の指摘)をよんだ。２００５年以降、日本もそのビザ審査を厳格化し、「興行」の入国者も激減した。だが、このことにつき、日本の入管政策の側で真摯な反省がなされただろうか。

持続可能なイミグレーション政策とは

「持続可能」(サステイナブル)であることは、イミグレーション政策においても重要である。この語は、国連環境と開発に関する世界委員会(ブルントラント委員会)が報告、提唱した「われわれの共通の未来」(１９８７年)から採ったもので、イミグレーションが、人的資源の使い捨てにならないこと、社会経済的環境を悪化させないこと、バランスのとれた社会発展に資すること、を含意させて使いたい。

大事なことは、外国人労働者を、人手不足を一時的にしのぐための調節弁のごとく扱うのではなく、継続的に雇用し、教育し(日本語教育も含む)、有能な労働者に育てていくことであり、次に、彼らが労働者として、人間としてその生活に満足を見いだせるよう平等な待遇と私生活の充実(家族との共住)をはかることである。実際、現状の技能実習生の扱いのように、負債を背負わされて来日し、低賃金で、不払い労働を強いられ、ついには多くの失踪者を生むような働かせ方をしていると、働く意欲のある労働者の来日はなくなろう。

そして特に、人口構造に不均衡の危機を生じかねない「北」の社会に持続可能性をもたらすためにも、外国人労働者の受け入れをはかり、その定住、世代再生産を妨げず、彼らを社会成員に統合していくことがもとめられる。日本人次世代が出会うであろう主たる社会問題の姿がもう見えはじめている。次世代の時代になっても、この社会が存立し、機能しうるためには、今以上に多くの外来の人々の貢献に期待しなければならない。それも持続性のある、彼ら自身の満足のともなう貢献でなければならない。それだけに外国人労働者の受け入れのあり方は、これでよいのかと、問わざるをえない。

2008年3月、渋谷で雇用の平等を訴えてデモ行進する外国人労働者たち（提供＝朝日新聞社）

第3章 外国人労働者の就労の現在

1　多様な存在

「在留外国人統計」から、近年の在日外国人256万〜293万人の在留資格別内訳をうかがってみよう(表4)。このほかに、在留資格なしで、日本に事実上常住している外国人を推定し、これに加えるなら、在留外国人は300万人をかなり超えることだろう。2017〜19年を見わたして、増加がいちじるしいのは「技能実習」、「技術・人文知識・国際業務」であり、数は少ないが、「高度専門職」も急増している。在留外国人全体のなかで比重が大きいのは「永住者」である。

では、これらのなかで「外国人労働者」と呼びうる存在はどのくらいになるのか。それを突き止めるのはなかなかむずかしい。在留資格を基準または手がかりに、これこれの人々は外国人労働者だ、といえるだろうか。入管法では、29の在留資格が、就労が認められるか否かに重きをおき、分類されている。

表４　在留外国人数の推移(在留資格別)

(人)

在留資格	2017年末	2018年末	2019年末	備考
総数	2,561,848	2,731,093	2,933,137	
特別永住者	329,822	321,416	312,501	
永住者	749,191	771,568	793,164	
永住者の配偶者等	34,632	37,998	41,517	
技能実習	274,233	328,360	410,972	技能実習１号イロ，同２号イロ，同３号イロの計
留学	311,505	337,000	345,791	
技術・人文知識・国際業務	189,273	225,724	271,999	
定住者	179,834	192,014	204,787	
家族滞在	166,561	182,452	201,423	
日本人の配偶者等	140,839	142,381	145,254	
特定活動	64,776	62,956	65,187	
技能	39,177	39,915	41,692	
経営・管理	24,033	25,670	27,249	
企業内転勤	16,486	17,328	18,193	
高度専門職	7,668	11,061	14,924	高度専門職１号イロハ，同２号の合計
教育，教授	18,927	19,822	20,685	左の２在留資格の合計
宗教，文化活動	7,261	7,124	7,298	左の２在留資格の合計
興行	2,094	2,389	2,508	
医療	1,653	1,936	2,269	
介護	18	185	592	
特定技能			1,621	特定技能１号のみの数
研究	1,596	1,528	1,480	
研修	1,460	1,443	1,177	
その他の在留資格(芸術，報道，法律・会計業務)	809	823	854	左の３在留資格の合計

出所：『在留外国人統計』入管協会，2020年版より作成

申告数（2020年，在留資格別）

（人）

うち情報通信業	うち医療，福祉	うち販売，宿泊，飲食業	その他のサービス業
55,250	5,482	79,073	75,049
278	6,523	34,903	12,539
2,589	5,404	198,066	97,805
8,534	14,463	71,491	81,729
881	2,705	16,546	39,419
3,752	8,869	34,848	42,185
71,284	43,446	434,927	348,726

1　就労が認められる在留資格

「外交」、「公用」、「技能実習」、「技術・人文知識・国際業務」、「技能」、「経営・管理」、「企業内転勤」、「高度専門職」、「教育」、「教授」、「宗教」、「興行」、「医療」、「介護」、「特定技能」、「研究」、「芸術」、「報道」、「法律・会計業務」

2　就労が認められない在留資格

「留学」、「研修」、「家族滞在」、「文化活動」、「短期滞在」

3　就労が認められるものと認められないものを含む在留資格

「特定活動」

4　地位または身分にもとづく在留資格（就労に制限はない）

「永住者」、「永住者の配偶者等」、「定住者」、「日本人の配偶者等」

しかし、右のような在留資格別分類とその人数から、外

表５　外国人雇用状況届出の

在留資格	人　数	構成比（%）	うち建設業	うち製造業
専門的・技術的分野の在留資格	359,520	20.8	10,868	64,294
技能実習	402,356	23.3	76,567	218,069
資格外活動	370,346	21.5	730	29,617
永住者	322,092	18.7	9,068	92,419
定住者	113,641	6.6	4,237	39,062
その他・不明	156,373	9.1	9,428	38,541
合　計	1,724,328	100.0	110,898	482,002

国人労働者、または働く外国人の数や分布を十分に知ることはできない。たとえば、「定住者」の資格で多くの外国人が製造業の現場で働いていることはすでに述べた。「留学」や「家族滞在」の資格の外国人は労働市場に入ることがないかといえば、そうではない。視点を変えて、見てみよう。

働く外国人、１７２万人へ

一つの数字をあげたい。厚生労働省が毎年発表している「「外国人雇用状況」の届出状況」（以下、「雇用状況報告」と記す）の結果（２０２０年１０月現在）では、日本国内で雇用に就き、働いている外国人は、１７２万４３２８人だった（表５）。この数は、前年には１６６万人、２０１８年は１４６万人、２０１７年には１２８万人だったから、毎年駆け足調でアップしている。

この「雇用状況報告」は、日本の全事業主に義務づけているもので、パート、アルバイトも含め、雇用している外国人の氏名、国籍、在留資格などの報告を求めたものである。なお、「特別永住者」（主に在日コリアン）については、先に述べたような経緯（第2章3節をみられたい）から報告除外とされ、また自営業者として働く外国人も報告外となる。仮にそれらをも含め、さらに未報告分を推定し考慮するならば、220万〜230万人には達することだろう。日本の総就業者数約6700万人の3・2〜3・4％になる。

34％が製造業、建設業で働く

「脱工業社会」といわれる今日、日本でも産業の中心は第二次産業（工業）から第三次産業（サービス産業）へとシフトし、雇用面でも、建設業＋製造業の就業者は約23％であるのに対し、サービス産業の就業者が71％に達している（総務省統計局「労働力調査」2019年）。そのなか、「雇用状況報告」では、製造業＋建設業の外国人従業者は約60万人と推定され、外国人の就業先の34％となっている（製造業が48万人に対し、建設業は11万人）。ジョブの中身は多様であるとしても、やはり現業の、身体を使うマニュアル労働が高い割合で外国人にゆだねられている。単調反復労働、いわゆる3K労働、深夜・早朝作業など、求人を出してもなかなか日本人の応募者がないような職種が含まれる。

このマニュアル労働を主に担ってきた外国人は、日系人(ブラジル、ペルー、その他)であったが、リーマンショック後、比率の上ではアジア系の労働者(主に技能実習生)が増えてきて、やや別のグループでこれを担うようになった。この両グループが製造業における外国人労働の主力をなしていて、先の言葉にしたがえば、共に「サイドドアから」の受け入れの労働者であることも指摘しておきたい。

日系人の場合、自動車関連、機械・電機関連の下請け工場で働き、非正規、間接雇用(派遣・請負)のかたちで雇用に就き、派遣・請負業者の支配下にあるケースが多い。東海地方の諸都市でブラジル人を対象に行われた労働実態調査では、いずれも非正規であるパートと派遣・請負で6割程度を占めていた。正規雇用の日本人労働者に比べ、待遇差は大きい。彼らは主として自動車産業、電機製造業などの下請け系の企業に働く。そして、アンケート調査を行うと「日本人のもつすべての権利、ボーナス、有給休暇の権利が欲しい」(ブラジル人、20歳代、豊橋市)というかれ/彼女らの声が聞かれた。

表6　技能実習生の賃金水準

（円）

		日本の全労働者（25~29歳）	技能実習生（平均26.7歳）
月額*	正社員	249,500	156,900
	その他の雇用形態	198,900	
時給	短時間労働者	1,150	977

＊　賞与，残業代を除いた賃金額
出所：厚労省「賃金構造基本統計調査」2019年より

40万人の「技能実習」労働者たち

それに対し、右にいう建設業・製造業合わせて約60万人のうち、半分、すなわち約29万5000人が、技能実習生である。建設業の吸収している外国人労働者の実に4分の3が技能実習生であり、そのほとんどがアジア人労働者である。外国人建設業労働者の4分の3弱、同製造業労働者の約5割が、彼らによって占められている。

業種からみると、製造業では機械、金属加工等もなくはないが、繊維、衣服・縫製、食品工業、水産加工など、どちらかというと衰退産業に近いような分野に配され、小規模事業所で働くケースが多い。結局、技能実習生の受け入れは、中小資本や第一次産業の労働力確保のための労働者導入政策の展開だったのではないか。また、項をあらためて論じるが、地方の農水産業の労働力の相当部分が彼らによって担われている。

なお、2009年の法改正で、技能実習制度は、「研修」とは区別され、入国の時点で雇用契約を結び、被雇用者として働きながら技能等を修得する活動を行うものとなり、労働者性がより強められた。しかし労働者としての権利保障は弱く、賃金水準は抑えられている。

数の上でこれだけの位置を占めながら、受け入れ期間は長くても5年間で、この間企業間移動の禁止、家族帯同・呼び寄せの禁止などが定められ、就労地の法定最低賃金に近い低賃金の下で就労し、滞在している(表6)。

専門的・技術的分野では

それに対し、「専門的・技術的分野」ではどうだろうか。「雇用状況報告」の分類では、この分野で働く外国人は、約３６万人であり、毎年３万～４万人ずつ増えている。製造業＋建設業の分野で働く者の半分程度にあたる。ほとんどが正規雇用とみられる在留資格「技術・人文知識・国際業務」の者が、約８割を占め、ここには理系の技術者や研究者だけではなく、経営や営業の国際化に対応する要員として文系の学卒者なども含まれる。

この分野の労働も一括りにはできず、熊沢誠による現代の労働の型の分類展望(パノラマ)に従えば、少なくとも「Ⅰ　システムを設計、企画、管理する職務――経営管理者、技術者、SEなど」、「Ⅱ　システムの稼働を補完する仕事　i 中核(オートメーション職場)――制御・監視職務（装置工業の計器監視工、機械工業のロボット・ME工作機器オペレーターなど）」、および「Ⅳシステム稼働から相対的に自立して働く、有資格の対個人サービス職務（教員、研究者、医師、ナース、ケアワーカー、コンサルタントなど）」を、カバーしていよう（熊沢誠『格差社会ニッポンで働くということ』岩波書店、２００７年）。そして、このなかでＩの型に属する外国人雇用は少数であろう。在留資格「高度専門職」の充てられる外国人は、増えているとはいえ、１万数千人だからである。

専門的・技術的分野の労働者は、欧米・オセアニア系外国人が直接リクルートされる場合もあるが、多くは日本の大学に留学し、卒業または修了後、日本の企業に就職している者で、このための在留資格切り換え数は２０１９年には約３万１０００件におよび、年々増えている。後者の場合、一般に日本語能力が高いという強みがある。この「留学→学位取得→就職」組の大半は中国人であり、次いでベトナム人、ネパール人、韓国人の順となっている。

移動のひんぱんなＩＴ技術者

中国人、それより少ないがインド人などに見られるＩＴ関連の技術者の場合、高学歴で高収入といわれるが、日本の企業に雇用されている正社員とは限らない。派遣会社から派遣されて日本企業で働く者もある。

インド人技術者に特に多いのは、欧米の外資系のIT企業の社員として日本に派遣されて、1年とか2年働いて、自国へ、または他国へと去る者である。だから、かりに家族を伴って来日して、たとえば、「日本のリトル・インディア」の名のあるその集住地区、東京・江戸川区西葛西界隈に住まうとしても、子どもを同地区に開設されたインド人学校（GIIS）に通わせ、日本人、日本社会とあまりコンタクトをもたないで過ごす滞在者もいる。

待遇、昇進に差がある？——日本企業と中国人技術職

専門的・技術的分野では中国人就業者が非常に多い。彼らは日本人社員と同等の待遇を受け、恵まれた外国人労働者だといわれる。しかし、外国人であるがための差別あるいは不利な扱いがあると感じる時があるという。「更新はできるらしいが、任期付きの契約となった」とか、「自分は博士号をもっている。学部卒の日本人が、主任や課長になっていくのに、自分はずっと平（社員）のままである」と。日本企業が、労働能力（というよりは仕事能力）を、管理能力、コミュニケーション能力、職場の人心掌握力などを含めて考え、差を付けるのかもしれない。だが、そうした考えから、外国人に重要な技術開発プロジェクトを任せることをしないとなれば、

彼らが能力を発揮する機会もなくなる。それは企業にとって損失であろう。

彼らは20代の早い時期に日本に留学していれば、30代の早い時期に、継続した10年以上の日本滞在という永住許可の申請要件をみたす。「永住者」へと在留資格切り換えをしている者も少なくないはずである。そうなると、転職もしやすくなる。昇進や仕事の満足度に限界を感じて、企業を退職し、自ら起業に向かうというケースもある。

外国人従事者の迎え入れが課題——医療、福祉の分野

現在から近い将来にかけて、特に受け入れが望まれている外国人労働者といえば、高齢社会で人々の医療、福祉、介護などのケアに携わってくれる人材であろう。ただ、「雇用状況報告」では、この分野での就労外国人は、5万人に届かず、少ない。専門性の高い医療、介護の分野で受け入れられている外国人は1万数千人程度のようで、介護士の受け入れ数は想定される需要の大きさからみて「焼け石に水」だといわれることがある。

現行の制度では、外国人介護従事者を受け入れる経路は複数あり、これを整理し、国の政策としてより強力に人材の確保がなされるべきではないか。看護職の場合もそうだが、介護職の外国人にとって、働きやすい条件、環境とは、報酬の高さもだが、それ以上に、職場のサポー

ティヴな体制と雰囲気、継続して働けるという安定性（在留資格の更新ができること）、結婚してもストレスなく働けるよう家族帯同が可能であること、などであろう。

大都市圏と地方――外国人はどこで働いているか

地域の観点から外国人就労の場をみてみると、一般的には、雇用の集積している都市圏、それも大都市圏が彼らの働き、生きる場だとみなされよう。「雇用状況報告」では、都道府県別・在留資格別の就労外国人数が報告されていて、数の多い順には東京、愛知、大阪、神奈川、埼玉、千葉、静岡となっていて、そこからいくつかの推定ができる。

京浜、阪神、中京という三大都市圏に就労外国人の５割余が位置していて、大都市圏に集中していると一応いえる。特定地域集中の傾向を示すのは、製造業の自動車関連の労働者であり、群馬、静岡、三重、岡山、広島などの数字（製造業就業外国人の数）にそれが現われている。しかし、それとならんで目を引くのは、技能実習生の働く場である。先の三大都市圏で働くのは彼らのうちの２２％にすぎない。７割以上は、それ以外の諸地方に配されている。

技能実習生と地方自治体

じっさい、青森、岩手、徳島、香川、愛媛、高知、熊本、宮崎、鹿児島の9県では、働いている外国人の6割以上が、技能実習生である。その比率が最も高いのは宮崎県で、7割を超える。いずれも農林および／ないし水産業のウェイトが相対的に高い県である。また特有の地場産業というべき、北海道の食料品製造業、愛媛県のアパレル、タオル生産、宮崎県の園芸、蔬《そ》菜《さい》栽培などが技能実習生によって支えられていることも推定される。

小規模の地方自治体には、人口減少、人口の高齢化による地域衰退(税収減、施設の閉鎖、地域の活気の喪失など)に悩むところが多く、少しでも人口増のためにと、外国人(労働者)の受け入れを要望するところが少なくない。そうして迎えられる外国人は、高い割合で技能実習生なのである。「(自治体の)技能実習生への依存」と鈴木江理子は呼んでいるが、それは人口1万人以上5万人未満の自治体で顕著である(鈴木江理子「移民／外国人受入れをめぐる自治体のジレンマ」宮島喬ほか編『開かれた移民社会へ』〔別冊環24〕藤原書店、2019年)。それによって多少の人口の数合わせがなり、地場産業の若干の支えになるにせよ、そうした地域はしばしば法定最低賃金が790〜818円という幅(2019年の全国加重平均は901円)のところであり、働く労働者たちも貧しい低賃金労働者である。

2　周縁の就労外国人

サービス労働者90万人へ

「外国人労働者」というと、典型として、製造業分野の工場労働者がイメージされるが、今では、脱工業化、サービス経済中心へと経済体制も変わったので、外国人労働者もサービス産業の分野でぐっと増えてきた。表5でわかるように、「情報通信業」(IT関連)と「医療、福祉」ではまだ限られているが、「販売、宿泊、飲食業」と「その他サービス業」で就労外国人は80万人近くになる。さまざまな飲食店のウェイター、ウェイトレス、大小のホテルのルームメイド、エスニックレストラン(中国料理店など)で働く調理人など、その職には枚挙にいとまがない。

東京のインナーシティ、新宿・新大久保から高田馬場の界隈を歩いてみる。横浜市中区の中華街もインナーシティのエスニック街として有名だが、もっと多様性に富み、中国系、韓国系、ネパール系、ミャンマー系の商店、レストラン、食材店などが軒をつらねる街区があり、ここに立ち働くアジア人の多さに驚かされる。店のオーナーまたは出資者は日本人であることが多く、彼らはたいてい被雇用者である。その来歴は、留学生として来日し、また「家族滞在」者として在り、そこから横すべりするケース、理由があって南アジアの自国を離れ来日し、難民認定申請をしながら、同国人の経営するレストランを手伝っているケースなどがある。

このようなかたちをとる外国人労働者がいま増えている。数の上ではもう就労外国人中のマイノリティではないかもしれない。そして、かれ／彼女らの地位は、たいてい非正規のパート、アルバイトで、雇い主都合での解雇にもあいやすい。

「資格外」就労、2割を超える

「雇用状況報告」をみて、一つ驚かされることは、入管法上、「資格外活動」という扱いで、37万人強(全体の22%)の外国人が働いていることである。いま述べたサービス労働者も、そのうちのかなりの者が、この「資格外活動」者であるのかもしれない。「資格外活動」とは、就労を認められない在留資格(「留学」「家族滞在」など)で滞在する外国人が、入管当局の許可を得て、報酬の与えられる活動に就くことを指す(入管法第19条②)。ただし、働ける時間の上限は週28時間と定められている(なお、留学生には、在籍する教育機関が長期休業期間[夏休みなど]にあるときには、1日8時間以内の就労が認められる)。

資格外で就労している者の圧倒的多数（８３％）は留学生であり、日本の大学以下の諸学校に学ぶためにやってきた学生、生徒たちである。残りは、「家族滞在」の外国人で、在留する者の扶養を受ける配偶者または子どもである。そして、現実には、資格外活動の許可をとらずにアルバイトをする留学生、さらに多数存在するのは、許可を得ていても法定時間を超えて働く者である。この両者とも、見つかれば「不法就労」とされる。表に出ない、資格外の超過時間就労は多いといわれる。

留学生が支えている？　外国人労働

先進諸国はいずれを問わず、年々多数の留学生を受け入れている。学ぶことが目的でやってくる外国人と就労の権利は相容れないとし、留学生の就労を禁止、または厳しく制限している国もある。

日本を取り巻くアジア諸国の事情は特殊で、たとえば中国は、すでに触れたように１９８０年代の「改革開放政策」の展開期以来、「労働力輸出」を国策とし、日本政府へ労働者受け入れを打診したが、日本が門戸を開かなかったので、開かれていた「留学」（大学で学ぶ）、「就学」（日本語学校等で学ぶ）という途によって、中国人青年は来日することになった。それだけに、留学生、就学生には、日本での就職、就労を欲するという動機が秘められていて、アルバイト就労は当然とされた。同じく労働者の海外送り出しを国策としたベトナムも、似たかたちで留学生を日本に送り出してきた。

２０１０年の入管法改正で、在留資格における「留学」と「就学」が「留学」に一本化され、高等学校、各種学校などの在籍生徒もここに含まれるようになる。中国、ベトナム、ネパールなどの留学生は、大学、または日本語学校に在籍しながら資格外活動（就労）に従事するようになり、留学生のイメージが変わる。なかには、稼ぐことが主目的となり、法定時間を超えて働くなど、目的―手段が転倒し、「留学」という在留資格が就労のための手段と化している様もうかがえる。これは教育関係者や学識者から見れば、留学生制度の本来の意義が失われる危機でもあろう。

働く留学生の存在は、パート、アルバイト就労頼みの日本企業、とりわけ卸・小売業、飲食業、コンビニエンスストアなどにとっては、ありがたいものである。日本語能力は比較的高く、接客ができ、就業時間に制限があるから、社会保険・手当の適用もはぶけ、コスト安の雇用になるからである。だが、留学生にしてみれば、授業料と生活費を賄わなければならないから、アルバイトに長時間をかけ、結局、学校の出席も、学業もおろそかになり、在留資格の更新も危うくなる、〝本末転倒〟の生活におちいる恐れもある。

留学生のうち一部は、大学へ進学し、学位（学士、修士、博士）を取得する。2019年にはそのうち、日本企業等への就職のため在留資格の変更を申請し、認められた者が、3万1000人ほどだった（『在留外国人統計』2020年版）。専修学校修了で就職を決めた者約1万人もここに含む。以上の数字をどうみるか。比較にどれほど意味があるか分からないが、4年前の2015年の留学生の新規入国者数9万9556人に対しては、31％である。この人々は多少とも継続的に日本で就労し、貢献する人々となるが、その数、パーセンテージとも思ったよりも少ないとみる向きが多いだろう。

資格外活動者から労働力の調達を行うこの傾向は、外国人労働者を、安価で、不安定な、保障も継続性のないものに変えてしまうのではないか。

外国人就労の基盤の脆弱性――コロナ禍の下で露呈されたこと

日本で働く外国人労働者の現状を見てきた。その働き方、働かされ方をみて、これを大きくは4グループに分けることができるように思われる。①「永住者」資格を有するなど滞在が保障されている外国人（ただし安定した雇用に就き、経済的に恵まれているとはかぎらない）、②正規の、無期の雇用に就き、在留資格を更新しながら継続的に就労している者、③技能実習生のケースで、有期の雇用で最長5年と限られ、多くが中小企業に雇用されている、④非正規で有期の、および「資格外活動」としての雇用に就く、〝周縁の労働者〟。

リーマンショック後の経済危機の際にもそうだったが、それ以上に大きな危機となった新型コロナウィルスの感染拡大期(2020〜21年)に、企業の休業、操業短縮、人員縮小などが行われると、右の③、④の人々では早い段階でレイオフ(一時解雇)、出勤日数減、解雇などの対象となる者が多かった。技能実習生では少なくとも累計8500人が、2021年8月までに解雇されている。

雇用保険(失業保険)に加入していればともかく、そうである者は少なく、解雇されれば、収入は途絶え、生活に窮してしまう。さらに失う恐れのあるものが二つある。住居と在留資格である。解雇されれば、雇い主が用意した宿舎は出なければならない。アパート住まいなら、家賃が払えなくなり、退去を迫られる。次の住居を確保できないと、住所不定者となり、住民登録の抹消もあり得、行政サービス等も受けられなくなる。国民健康保険証の更新もされなくなる。こうしたことが2020〜22年にかけて多くの外国人に起こったであろうことが、メディアの報道やルポから推測できた。次には在留資格の更新がむずかしくなり、「在留資格なし」

の状態におちいる。さすがに出入国在留管理庁は、解雇され、帰国もできない技能実習生に「特定活動」資格への変更を認めたが、それでも２０２０年、１年間に在留資格を取り消された外国人は過去最多の１２１０人に及んだ。

仕事も住居も失い、日々の食にも窮し、在留資格の期限切れの不安も抱えるベトナム人たちが、確たる就航の見通しのないハノイ帰国便を待ちながら、支援団体等のもつ施設を頼り、そこで集団生活を送っている様が、メディアで報じられた。この事態をもっぱら、未曽有の禍をもたらしたパンデミックに還元するのではなく、もともと雇用も、待遇も、在留資格も、安定性、持続可能性を欠く外国人労働のベースの脆弱性が露呈されたと見るべきではなかろうか。

2007 年 4 月，成田空港で長女のマリアムさん(左)との別れを惜しむアミネ・カリルさん(提供 = 共同通信社)

第 4 章

定住、外国人労働者から移民へ

1 出稼ぎ就労型の終焉

韓国人で79%、ペルー人で69%、ブラジル人で53%、フィリピン人で47%、中国人で34%……。これは何の数字だろうか。2019年現在の、それぞれの国籍の在留者に占める永住者資格をもつ者の割合である。

「デカセギ」で日本に発ったが……

時間を遡るが、1990年当時、日本の土を踏むブラジル人からは、「2年、長くて3年働いて、××万レアル貯めたら、くにに帰り、事業を始める」という言葉をよく聞いた。日系居住者の多いサンパウロの街で、「デカセギ」という日本語がちょっとした流行語になる。

東南アジアからも、次のような出稼ぎ型に近い来日者がみとめられた。「当分の間は日本で暮らす予定。子どもたちがフィリピンで勉強しているので、日本とフィリピンの間を頻繁に行き来することになる。子どもたちは祖母に預けているので安心でいられる」(30代、女性。『川崎市外国人市民意識実態調査報告書(事例面接調査編)』1995年)。2003年のフィリピン人の新規入国者９万３４０４人（観光、商用など短期滞在者は除く）のうち、在留資格「興行」（エンタテイナー）による者は８万４８人と、実に８６％を占めていた。このかたちで日本で働き、稼ぎ、帰国し、また来日するというリピーターがかなりいた。暫時日本で働き、貯めたお金を持ち帰り、家族のために家を新築し、またしばらくして日本に働きに発つ、といった行動がとられる。ちなみに、英語で出稼ぎ労働者は“target earner”という。文字通り、目標額を稼いだなら帰る者という意味である。

１９９３年に行われた川崎市の外国人市民意識実態調査によれば「今後どのくらい日本に住む予定ですか」という問いに、ブラジル人、ペルー人など南米系外国人の回答は「３年未満」が２８％、「当分の間住み続けたい」が５５％、「永住したい」が７％になっていた（『川崎市外国人市民意識実態調査報告書』１９９３年）。来日後１～２年の間に、彼らの意識は変わった。この頃「もう少し滞在し、働いて、貯めたら……」と語っていたＴさんは、それから３０年の時が流れた今も、同じ神奈川県内で暮らしている。

一方フィリピン人の場合、２００５年を境に、出稼ぎ型の「興行」による来日は激減する。すでに述べた２００４年の米国務省の批判（第２章４節をみよ）が、日本の入管政策を変えたからだ。２０１６年には、新規入国者中「興行」は３９６１人（１５・１％）にすぎず、長期滞在ないし定住につながりやすい3資格（永住者の配偶者等、定住者、日本人の配偶者等）の計が4914人（18・7％）とこれを上回っている。

帰国の先延ばし

なぜ滞在が2〜3年で終わらず、帰国は先延ばしになるのか。二つの理由があげられよう。いざ日本で生活し始めると、予想外に物価が高く、税、保険料、住宅費など賃金から引かれるものも多く、来日にあたり各方面からの借金もあって、期待したほど貯蓄はできない。住んでいる間に必要な家具や耐久消費財も購入しなければならず、これが出費となる。移動と通勤の便のため中古車を購入し、支払い完遂のため、さらに働き続けることになる。

もう一つは、ある程度貯めることができても、母国の経済状況は改善されておらず、帰国しても望ましい職、事業には就けないのではないかという懸念である。母国の経済状況を調べたり、知人に聞き合わせたりするが、状況は好転していない。こうして否応なしに滞日の日が経っていく。

家族帯同の意味

ブラジル人、ペルー人の多くは日系人であり、日系人においては、別の事情もはたらいた。彼らに充てられる「日本人の配偶者等」と「定住者」のビザは、配偶者や子どもの同道を認めており、その就労にも制限はなかった。そして、「配偶者と共働きで稼いだほうが効率がよい」という理由で家族が呼び寄せられた、という。だが、いったん家族共々の生活が始まると、出稼ぎ型のライフスタイルにとどまるのはむずかしくなる。共稼ぎによって世帯の総収入は増えるだろうが、日々の衣食住のため支出は増える。貯蓄第一ではなくなり、今・ここで営む生活のためにお金を使うようになる。耐久消費財購入のほか、子どもを保育園や学校に通わせる費用もかかる。もしもわが子を、日本の公立学校ではなく、ブラジル人学校などに通わせるとなれば、月謝等に月3万〜4万円の出費を強いられる。

滞在期間が3年も過ぎると、家族メンバーの意識に変化やズレも生じる。「(自分と妻とでは)日本での滞在に対して意見の違いがある。妻が日本語がある程度できるようになり、もっと長く日本に残りたいと言っているが、自分はお金が貯まったら、できるだけ早く母国に帰りたい」(南米系、男性、30代。前掲『川崎市外国人市民意識実態調査報告書(事例面接調査編)』)。おそらく夫が、妻の意向を無視して帰国プランを押し通すことはむずかしいだろう。子どもを保育園や学校に通わせることを通じて地域コミュニティとの繋がりができる。国民健康保険に加入し、

「保険料が高い」とこぼしながらも、この医療保険制度を日常的に利用するようになる。住生活を安定させたいとして公営住宅に申し込み、入居する。福祉、社会保障、自治体の公共サービスなどの日本の制度のなかで、生活を組み立てるようになる。

とすれば、帰国を先延ばしするのは、ネガティヴな理由からばかりとはいえない。日本の生活に慣れ、それを便利で安定的な生活パターンと感じるようになると、そこから離れる生活は考えにくい。こうした感覚はしばしば妻が代表する。また、ある夫婦は「生まれた子どもにハンディキャップ(障害)があることが分かり、もう帰国という考えは捨てました」と語った。日本の医療水準の高さ、医療保険制度と児童・障害者手当の存在が、彼らに日本定住を決意させたのだろう。

出稼ぎ型就労の終焉

ヨーロッパでは、かつてのドイツにおけるトルコ人やフランスにおけるマグレブ系労働者のように数年間の滞在、稼働で帰国し、交代で他の近親者がやってくるという、単身男子の行動があった。この場合、当人たちは母国にいる家族・親族への送金を、または貯えの持ち帰りを義務づけられていた。ところが、この出稼ぎ型就労は西欧では1980年代におおむね姿を消す。オイルショック(1973年)後の経済不況により雇用状況が悪化し、フランス、ドイツをはじめ各国政府はEC域外からの新規外国人労働者の受け入れを停止し、その停止は多くの国で長期間継続した。この措置に直面し、それらの国々に在った外国人労働者は、「いったん帰国すれば、二度とやってくることはできないだろう」と考え、ならば帰国はしないという意志を固める。そして故国から家族を呼び寄せ、定住家族移民となっていく。この変化の帰結として、ECヨーロッパ各国で働いていた総計1000万人を超える外国人労働者の多くが、「移民」ないし「移民労働者」に変わる(宮島喬『現代ヨーロッパと移民問題の原点』明石書店、2016年)。

日本では、オイルショックのことはともかく、2008年のリーマンショック後のはなはだしい景気後退期に、特に自動車関連の企業で操短、労働者解雇が行われ、ブラジル人、ペルー人労働者などの失業が多発した。そして再就職できなかったブラジル人など数万人が政府の帰国支援事業(補助金付き)に背中を押されて帰国した。このとき帰国せずに、日本残留を決めたブラジル人やペルー人の多くは、日本永住の心組みをもったといわれる。現在、ブラジル人の5割強、ペルー人の7割弱が、「永住者」資格を得ているのは、先に書いたとおりである。

自国で生きることの困難、帰還移民へ

また、来日→日本定住という彼らの行動には、自国での失業、超インフレ、居住地の治安悪化といった複合的な危機背景があった場合もある。一家をあげての来日を、表向き、「夫婦共働きのほうが効率的に稼げるから」と語るにせよ、心底では、自国を脱出し、可能ならば日本に定住したいと考えていたのではないか。そう考えさせる、もっともと思われる例もある。筆者が聞いたある日系南米人女性の言葉などはそれだろう。「インフレが激しかった上に、住んでいた都市の治安が悪くなり、子どもを独りで外出(通学のため)させて大丈夫かなど、不安な毎日だった。夫が日本にデカセギに行こう、と言ったとき、正直なところホッとした。私も子どもを連れて日本に発った」。一家は、その後も日本で暮らしている。

「帰還移民」(return migrants)という言葉があり、本人または祖先の出自国にもどってくることをいう。なかには「錦を飾る」といった趣の帰還もあるが、南米系日系人の場合、そうではない帰還が多数だという印象がある。自国で生きることの困難ゆえの自国からの脱出だとすれば、そうした家族の心境は、難民のそれに似ている。

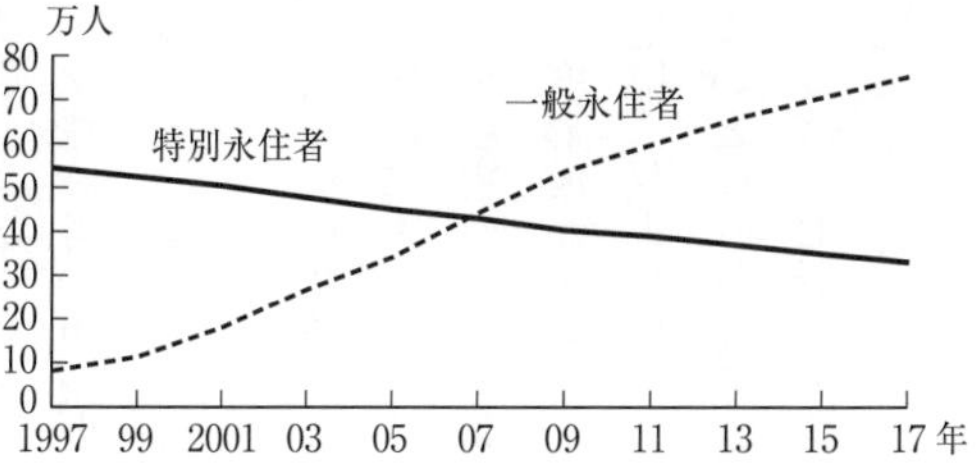

図５　一般永住者数と特別永住者数の推移

２　日本定住へ

定住という選択肢

無作為抽出で４２５２人という大サンプルから回答を得た法務省委託・人権教育啓発推進センター実施の調査「外国人住民調査」（２０１６年実施）では、日本滞在の年数を尋ね、ニューカマー外国人回答者のおよそ４０％が１０年以上の滞在者であることが明らかになった。

現に、先に書いたように「永住者」資格をもつ外国人は増えている。なぜ増えたか。１９９８年、「永住者」資格の申請要件の一つ、「日本居住が引き続き２０年以上」が、「引き続き１０年以上」に改められたことが直接の理由であるのは間違いない。１９９７年には、わずか８万２０００人にすぎなかった一般永住者が、これを境に急増したのはグラフの示す通りである（図５）。かつて永住者といえば、在日コリアンをまずイメージしたものだが、その「特別永住者」は、今では「一般永住者」に大きく差をつけられるものになっている。

永住許可の申請要件が緩和されて、一気に申請が増えたことは、ニューカマー外国人にも日本定住への要求と心理・社会的準備が生まれていたことを意味しよう。

定住にいたるそれぞれの事情

個別にみてみよう。最多のニューカマー外国人集団である中国人の場合、比較的、就学・留学から始めて、時間をかけて日本の企業等への就職の準備をする場合も多く、中長期滞在への態度形成がおのずと行われてきたように思う。家族の呼び寄せも比較的多い。一応安定した職、地位、収入を得て、帰国も考えないではないが、帰国しても今よりもよい職に就けるか分からないという気持ちから、今の生活を継続させようとする。

フィリピン人の場合、女性たちは「興行」ビザで来日し、帰国と再来日を繰り返していたが、先に述べた事情で、「興行」ビザの発給も大幅に制限され、2005年を境に、フィリピンからのイミグレーションの型が変わる。新規入国者には「日本人の配偶者等」ビザによる者が増えてくる。日本人と結婚して、または結婚するために来日するのであるから、当然定住者になっていく。では、かつて「興行」ビザで来日していた女性たちは帰国したかというと、そういう例はあまり聞かない。日本人男性と結婚するなどして、「日本人の配偶者等」や「定住者」の在留資格を得、滞在を続けたようである。

なぜ日本滞在を望むか。「日本人と結婚して家族をもっているから」という答えは当然として、次のような声も聞く。「(離婚をしたが)日本国籍の子どもを養育しているから」、「帰国をしても、ましな仕事、暮らしが望めないから」、「親に仕送りをすると約束して国を発ったので、帰国するわけにはいかない」、等々。消極的な定住意識といえるが、ともかく、満足な職に就けなくても、生活困難に見舞われても、帰国という選択肢は容易にとられない。

「帰国しない外国人」と入管政策

このように定住を志向する外国人が増えてきて、国としては入管政策上でどんな対応をするのだろうか。これまで日本の入管政策は、新規入国する外国人には原則、「在留期間」(最短15日から最長5年まで)を定めている。入国外国人は、所定の在留期間がくれば帰国すべきものという考え方が、そこにはある。滞在期間の更新を認めるものは少なくないが、3年または5年を超えての更新は認めないものもある。技能実習生と特定技能1号の労働者などはそうである。

定住を志向する外国人への、事実上のポジティヴな対応の一つとして、「永住者」資格の取得を容易にする措置がとられたことはすでに触れた。これが許可されると、日本滞在は無期限に認められ、就労の制限はなくなる。政府はこの永住許可の要件の変更（10年間以上の日本滞在）を、欧米諸国などの国際的標準に合わせるという意味で行ったが、これだけ永住者が増えるとは予想していなかったようで、今、その増加をよしとしていない節もみられる。永住資格の取得の要件をより厳しくし、近年納税義務を果たしていることの証明、年金と国保の保険料の納付の証明を求めるようになっている。


オーバーステイ15年の外国人一家をどう扱うか

ところで、この定住外国人のなかには、超過滞在（オーバーステイ）のまま10年も15年も働き、生きてきた者もいる。そのような場合、本人の当局への出頭、申請により、正規の滞在資格を与えるという国もある。日本でも、法務大臣が（情状酌量、裁量により）特別に認めたとき、在留特別許可が下り、滞在が認められることがある。

有名になったイラン人のアミネ・カリルさん一家のケースを見ておこう。カリルさんは、1

990年、当時ビザ免除協定を結んでいたイランから来日し(「短期滞在」資格)、それ以来15年の間オーバーステイ状態で、主に群馬県内に住み、働いてきた。1999年、一家(妻と二人の日本の学校に通う娘)は、入管当局に出頭し、在留特別許可を願い出た。マスメディアの報道もあって、日本人住民や広く世論から、カリルさんへの同情と支援の声が寄せられた。しかし、一家に在留特別許可は出されず、裁判で最高裁まで争ったが、敗訴に終わって、退去強制処分は免れなくなった。その後、日本育ちの高校3年生で、県内の短大に合格した長女マリアムさんには、申請により、在留特別許可が下りた。

入管当局も司法も、一家の超過滞在の違法性を重く見、在留の継続を認めなかったが、日本定住が家族の一員(子どもの一人)に深い文化変容をうながし、帰国してそこで生活すべき母国を失わせたことを考慮したといえる。ただ、類似のケースで、日本育ちで日本で教育を受けた未成年の子どもが在留特別許可を与えられる例は生まれるが、親子を引き離さないために親にも在留許可をだすという措置はとられない。注目を浴びたフィリピン人カルデロンさん一家のケースも、十数年の不正規の日本滞在の後、逮捕され、退去強制の取り消しを求めたが却下され、提訴し、最高裁で敗訴。2009年3月に父母のアランさん、サラさんは強制送還され、娘ののり子さん(日本生まれ、中学生)には在留が認められている。

右のマリアムさん、のり子さんの在留が認められたのは妥当な措置だが、であるなら親と子を引き離さないという人道・人権上の配慮から両親にも在留を認めるという考え方もありえよう（「親からの分離禁止」を定める子どもの権利条約第9条にも沿う）。だが、法務大臣の判断ではこの考えはとられなかった。

3 家族と共に

「人」としての労働者

「外国人労働者」と呼ばれ、量的にカウントされ、質的にはせいぜい熟練度によって格付けされるだけの人々も、個々にみるなら、「人」である。それぞれの文化的背景をもち、母語をもち、信仰する宗教をもち、家族をもち、生活信条、趣味等々をもつ、全的な人間である。しかし、母国を離れ、国際移動し、ある国に労働者として受け入れられるとき、彼らはそうした「人間」的側面をたいてい切り落とされている。家族から切り離され、「単身労働力」ととらえられ、母語が尊重されることはなく、日本語ができるか否かだけが問題にされ、ムスリムやクリスチャンであっても、祈りや会衆の場も与えられない。

ここで特に問題にしたいのは、彼らが人間らしく家族と共に移動し、または家族を国から呼び寄せ、共に生き、働くこと、これができるかどうかである。

家族帯同、家族呼び寄せをめぐって

なぜ「家族と共に」なのか。それを問うこと自体が、「人」としての労働者の軽視ないしその人権の等閑視を意味しよう。別の地への転勤を命じられた職員や労働者が、家族を伴って移動、赴任するのは当然とされ、その費用や住居などは企業が準備すべきだとされる。その当たり前のことが、なぜ外国人労働者には拒まれるのか。もっとも、日本では家族内の事情（子どもの学校、受験など）を理由に、家族との別居、いわゆる「単身赴任」も多く、それが異常視されない社会的風土がある。そのためか、外国人労働者が単身であることを条件とする受け入れを当然とする風がある。

雇用主はとかく、外国人雇用にコストをかけまいと考える。これは一部、労働者たちの従順性を見透かす差別意識による。日本人労働者には当然かけねばならない福利厚生の費用を省こうとし、彼らが家族の呼び寄せを欲しても、それを援助するという例はあまり聞かない。

ヨーロッパでは

西欧諸国の〝移民と家族〟をめぐる考え方は少しちがう。もともとキリスト教的背景からか、結婚を誓った男女（夫婦）が一体で生きることは神聖な義務かつ権利とされ、その流れでか、家族が一体で生活することは基本的人権だとする見方がある。実際、フランスやドイツには、イタリア、スペイン、ポルトガルなどから多数の労働者がやってきたが、職と住居が定まると、早々に家族の呼び寄せは行われて、ホスト社会も家族合流自体にはノーといわなかった。それに、フランスなどは戦後、公式に人口増加政策をとっていて、家族移民を歓迎し、特に子どもをもつ若いカップル移民を積極的に受け入れてきた。ただ、家族帯同の移民労働者を迎えるのに、住宅の建設が追い付かず、ある時期まで、家族移民を劣悪な住環境（ブリキ住宅街を意味するビドンヴィル）に住まわせ、諸方面から非難を受けるという時期があった。

ドイツにはやや違う問題があった。1960年代から20年間ほどのガストアルバイター（ゲストワーカー）の受け入れ期には、外国人労働者の定着、定住を避けるため、短期の雇用にとどめ、帰国・交替させることとしたため、家族の呼び寄せにあまり許容的ではなかった。それでもヨーロッパ系労働者にはこれを認め、トルコ人に対しては、政府間協定で家族呼び寄せの禁止を定めていて、「それは差別ではないか」と後年問題となった。

家族再結合(family reunion)を、移動者とその家族の正当な権利として認めるべきだという考え、これはＥＵ(ヨーロッパ連合)が実現している原則であり、国連による「すべての移住労働者とその家族の権利の保護に関する国際条約」(１９９０年、日本は未批准)にもうたわれた。またそれに先立ち、「子どもの権利条約」(１９８１年)では、第９条(親からの分離禁止)、第１０条(家族再会)が、子どもが親から長く引き離されない権利として、これを定めている。

呼び寄せのための苦闘

日本では、来日し、就労その他の活動を行う外国人の家族帯同や呼び寄せを一律に禁止したり、制限してはいない。しかし、多くの外国人労働者は非正規雇用で、低賃金に甘んじ、住宅の準備も十分なされないから、母国から家族を呼び寄せるのは容易ではない。それに、もともと「研修」、「技能実習」、「特定活動」、「特定技能１号」の在留資格の者は、「家族滞在」という在留資格を使って配偶者、子どもを呼び寄せることが認められていない。

一見、家族呼び寄せに成功し、親子３人で仲睦まじく暮らしているとみえる東南アジア出身のＲさん一家は実は、数年前、経済的条件が整わず妻子に日本滞在(「家族滞在」)のビザが下りず、やむなく妻子は「観光」目的で来日、そのままずっとオーバーステイヤーとして暮らすことになった。「家族滞在」は、被扶養者のためのものなので、扶養する者に経済能力があることを証明しなければならない。Rさんは家族一体の生活ができるようになり喜びながらも、妻子の非正規滞在が発覚しないかと、不安が胸をよぎる毎日を送っている。

来日する配偶者も就労できるなら、家族合流後の生活も何とか成り立つ。南アジアのある国出身のBさんは民族料理レストランのコックだが、収入、貯金ともに十分ではなく、借金し、預金残高を増やし、「家族滞在」の資格で妻子を呼び寄せることはできた。妻は資格外活動の許可をとり、働き始めたが、働けるのは週28時間、日本語ができないため、時給の低いレストランの下働き(皿洗い等)しか口がない。生活は何とかなっているが、借金を返しながらの一家の暮らしは楽ではない。

近年、外国人労働者でいちじるしく増加しているのはベトナム人、ネパール人だが、「家族滞在」資格の在留者も2019年にはそれぞれ約2万2000人、約3万人と、中国に次ぎ多くなっている。同様の苦しい生計維持の家族生活がそこにあるのだろう。

老いた親を呼び寄せたいが……

「家族」とは何か。これは意外に難問で、「親族」や「世帯」はまだしも定義可能だが、「家族」についてはきっちりとは定義できない。民法第四編「親族」を紐解いても、「家族」という語を目にすることはない。「家族」とは半ば、それを構成する人々の主観によって成り立っている集団であり、人が「これこれの者が家族だ」と認める範囲の人々が家族をなすといえる。特殊な場合として、国の入移民政策が「家族」の定義を決めることがある。欧米諸国では、夫婦とその未婚ないし未就労年齢の子からなる核家族が、家族とされる。日本もほぼそれに従うが、アジアでは、中東やアフリカではどうだろうか。祖父母も含んで家族と考える風はあり、場合によってはそれ以外の同居の親族もファミリーとされる。

日本でもそうした家族観はあるが、入管行政では、外国人の在留資格「家族滞在」の「家族」は、「(扶養される)配偶者・子」であり、親は含まれない。日本企業でエンジニアとして働く中国人のEさんは「自分は一人っ子で、くににいる母親は仕事もやめ、最近夫(Eさんの父)に先立たれ、独りになってしまった。日本に呼び寄せて一緒に暮らしたい」と希望したが、入管当局は認めてくれない、と嘆いていた。類似の希望は多い。なぜ親の呼び寄せは不可なのか。呼び寄せられる彼らが、生産年齢人口をなさないこと、無収入・無年金であると、場合によって公的扶助(生活保護)の助けるべき対象になることへの危惧だろう。欧米の言い方では、「福祉依存移民」となる恐れがあるから、だろう。

なお、事実としては、老親呼び寄せは行われている。たとえば、外国人入居者の多い埼玉県川口市の巨大な芝園団地に行ってみると、昼間、ベンチで談笑したり、子ども(孫)をあやしたりする高齢中国人に多く出会う。息子または娘夫婦の呼び寄せによるものだが、主には共働きの彼らから昼間に幼児の面倒をみてもらいたいとの希望があって来日するもので、よき家族再会の機会となるが、いわゆる「知人・親族訪問」ビザによるようで、これは90日以内の滞在に限られている。

さて、右に述べたEさんの場合だが、入管当局に事情を縷々説明し、資料も出し、ついに老母の呼び寄せを認めさせたようで、喜んでいた。

4 労働者の人権としての「家族と共にあること」

単身でなければならない技能実習生

日本は外国人労働者の家族呼び寄せは禁止してはいない、と先に書き、技能実習生と特定技能1号労働者などの場合はその例外だとしたが、このことが今、問題になりはじめている。技能実習制度がスタートした頃、当の外国人は「研修」の資格で入国し、「特定活動」に移行して、滞在期間は合わせて2年間だったから、家族呼び寄せ禁止も当然という見方があり、あまり問題とされなかった。その2年が3年に延長され、今日では最長で5年になっている。2000年には数万人だった実習生が、今や40万人を超えるまでになった。その上年齢、性別、身分（未婚、既婚）も多様化している。この家族帯同禁止は、そのままでよいのか。

技能実習生というと、未婚の若者、男子をイメージする向きが多いが、女性もいるし、30歳代もいる。既婚有子の者の応募、そして来日もある。A県内のある高級服飾品を扱う縫製工場で働く中国人技能実習生7人はすべて女性で、残業時間を含め長時間の作業に従事しているが、その内の一人Xさん（38歳）は、娘（11歳）を国に残し、姉に世話を頼んで来日している（朝日新聞、2021年8月4日）。さらに次のような観察もある。「小学校入学前の子どもを置いて来日した母親である実習生の場合、子ども会いたさにホームシックとなっている人が少なくなかった。……既婚女性が実習生として来日する場合は、子どもの年齢も6歳未満が多く、その結果として彼女たちにとって家族と離れて暮らすストレスは単身未婚者よりもはるかに大きい」（上林千恵子「外国人労働者の権利と労働問題」宮島喬・吉村真子編『移民・マイノリティと変容する世界』法政大学出版局、2012年）。

かれ／彼女らも「人」である。数年間という期間を、母国とも、家族とも直の接触を断って異境で暮らせというのは、人の人間的な扱いといえるだろうか。西欧では、外国人労働者は、家族呼び寄せがかなわない場合でも、年に1カ月かそれ以上の連続休暇《バカンス》が認められ、たいていは旅費補助の下に帰省し、家族との再会を楽しんでいた。日本で働く外国人に果たしてこのようなバカンスの権利が認められているか。かれ／彼女らへのアンケート調査で自由回答欄によく「日本人の同僚なみのボーナスを、そして有給休暇を！」という書き込みを多く見る。その生活の現状を示すものだろう。

企業の論理——コストのかからない単身労働者の受け入れ

なぜかれ／彼女らに家族の帯同ないし呼び寄せが認められないのかという問いに、もう一度立ち帰る。先に述べたようにこの制度の設計者は、研修→実習→技術移転がその趣旨であるし、期間も2年間だから……と考えただろう。しかし、企業の側の実習生を受け入れる理由の8割がたが「人手不足の解消のため」である。家族帯同の禁止を維持するのに、この企業側からの理由も付加されてくる。実態として技能実習生を受け入れている企業の多くは繊維、機械・金属、食品加工などの中小企業に属し、低賃金でも耐えて働いてくれる外国人、すなわち技能実習生に頼らなければ、立ち行かないと考える企業である。彼らが家族を呼び寄せたいといっても、そのコスト（旅費、住宅準備、扶養手当など）は負担できないから、認められない、と。

一方、その理由とはややちがい、国または入管当局は、期間を区切って受け入れた外国人（技能実習生、特定技能1号労働者）に家族呼び寄せを認めれば、滞在の更新への要求が起こり、その定住化につながる、と懸念する。だが、この定住阻止という政府のスタンスが、長期的にみて、また別の目的性からして合理的かどうかは、きちんと議論しなければならない。

シヴィルな権利は拒否できるか

ここで少し考えてみたい。内国人、外国人を問わず、ある場所に継続的に居住している者にシヴィル（民事的）な権利を拒否できるだろうか。これには、財産をもつ権利、相続する権利などを含むが、ここでは、結婚する、妊娠し子どもを産む、出生届を出し受理される、子どもの国籍確認をする、等の権利も含む。また、それらのことを行っても、滞在の権利を奪われないことは重要である。

外国人労働者にこれらの多くを禁じている国もある。たとえばシンガポールでは、専門職や高技能の外国人には家族同伴、定住、市民権取得などが認められるが、そうではない家事労働者や建設労働者として受け入れられた外国人は、単身が大原則であり、結婚、出産も認められず、女子の場合、無条件にではないが、妊娠したことが分かると、滞在が打ち切られ、帰国させられる。

日本はそのような国ではないと思われているようだが、はたしてそうか。

出産した技能実習生を待ち受けた悲劇

家族の帯同や呼び寄せが禁じられている技能実習生には、そうした規制、監視の目が光っているという思いがある。20代、30代の男女が数年間も日本に滞在していれば、異性との行き合いも、恋愛もあるだろうし、帰国後の結婚を約する場合もあろう。しかし妊娠し、それが知られると、滞在が打ち切られ、強制帰国させられるのではないかという不安がある。事実、そうした理由から中途帰国をさせられた事例はいくつかある。

こんな悲劇も起こった。熊本県のミカン農家で技能実習生として働いていたレー・ティ・トゥイ・リンさん(22歳)は、妊娠し、ひそかに自室で出産した(双子で、死産だったと本人はいう)。体調が悪く、二遺体を自室に残し、病院に行ったところ、分娩の事実が分かり、二体の扱いが問題となり、死体遺棄罪の疑いで県警に逮捕された。地元で活動する外国人支援NGOは、彼女の釈放、不起訴をもとめる嘆願書を作成、数百筆の署名も集まったが、結局、同罪で起訴された。裁判では彼女は、遺体を自室に置いたのは、遺棄ではなく「埋葬のための安置だった」とし、無罪を主張したが、一審(熊本地裁)、二審(福岡高裁)とも有罪(二審で懲役３カ月、執行猶予3年)とされ、リンさんは上告の手続きをとった(最高裁は２０２３年4月無罪を言い渡す)。

ここでの第一の問題は、同女性が、妊娠したことを言い出せず、誰にも相談できなかったことにある。日本滞在中は家族を伴ってはならないという禁止の重みが彼女をそうさせた。妊娠したことが知られれば、実習が打ち切られ、帰国させられることを危惧したのである。

しかし、この事件を知り、リンさんの、妊娠・出産し、かつ働き続ける権利を擁護するＮＧＯからの発信も行われ、熊本県民から、さらに時を追って全国から彼女への同情の声が寄せられ、「リンさんの裁判を支援する会」も生まれ、最高裁での無罪判決をもとめる声にも転じていった。

妊娠し、産み、母性保護を求めるのは労働者の権利

もしもこれが日本人の女性労働者だったなら、本人が妊娠の報告をし、事業所は労働基準法の定めにより、母性保護に配慮し、産前・産後の休業を認め、その間は解雇してはならないとされる。そうした扱いを受けることは労働者の権利である。この原則を技能実習生にも適用す

るのが筋であろう。もし本人が雇用の継続を望むなら、監理団体や雇用主は、新生児の育児・託児の便宜をはかり、職場復帰を可能とすべきだろう。

この事件をきっかけに、技能実習生の妊娠・出産に、これを難じるのではなく、外国人支援NGOも世論も視点を変え、妊娠し出産するのは彼女らの人権であるととらえるようになる。法務省も、企業や監理団体に、「妊娠等を理由として技能実習生に不利益的取り扱いをしてはならない」という趣旨の通知を出すにいたった。これに拠りつつ、NGO等が企業に働きかけ、該当実習生に、産休をとらせ、入院、出産をさせ、その後仕事に復帰させるというケースも生まれる。

「家族と共に生きる」ことは基本的人権

「人」としての外国人労働者が自分の家族と共に生き、働きたいと望むのは、人権に属するものだろう。「人」としての外国人の権利はできるだけ認めねばならない。

もっとも、家族呼び寄せを無条件に可とするのには、無理があろう。それを認めるのに、雇用の継続性、一定以上の収入、住宅確保の可能性という条件を付けるのはやむをえないかもしれない。だが、そういう条件を整えるのは、むしろ少なくとも一部を雇用主の義務とすべきという考え方を、筆者は支持したい。

配偶者、子どもに就労を認める

これとはやや別のことだが、帯同または呼び寄せの家族、すなわち配偶者、子ども（15歳以上）に就労の自由は認められるのか。これが認められているのは日系人の場合か、それらの者が「永住者」資格を得ている場合である。「家族滞在」資格にある者は、原則、就労禁止であり、「資格外活動」として週28時間以内の就労は認められるが、これでは正規の雇用には就けない。

この就労の禁止または制限には国の側が立てる理由があるだろうが、外国人家族の側からは、次の三つの理由から就労の権利への切実な要求がある。

第一に、家族が一体で暮らしていくのに夫婦共働きでないと生計維持ができない場合が多いこと。第二に、たとえ経済的必要がなくとも、配偶者にとってある職業を遂行することが大きな意味をもつ場合があること。夫から呼び寄せられて来日した妻Dさんは、自国では教師として働いていて、あるインターナショナルスクールから教壇に立ってほしいと頼まれ、「これぞ天職」と思い、引き受けようとしたが、勤務時間が週28時間を超えると聞き、残念ながら断ったという。そして第三に、呼び寄せられた子どもが、成年または労働年齢に達しても、正規雇用での就職ができないこと、である。

これら再結合家族には、来日後なるべく早い時期に「定住者」ビザへの切り換えを可能とすべきではなかろうか。就労の制限をなくし、滞在の条件も（扶養する親または配偶者の滞在条件に従属することなく）自律的に選択できるようにする必要がある。

5 移民化、移民人口を推定する

移民（定住外国人＋α）へのアプローチ

次のような何気ない調査データからも、次世代共に将来を日本で生きることを展望する定住外国人が多数に上ることがうかがわれる。横浜市が行った外国人意識調査（２０１９年実施）では、「中学校を卒業したあとどのような進路に進ませたいか」と尋ねられた該当する外国人の親の８４・０％は、「日本の高校」と答えていて、「母国に帰国させて、母国の学校に通学させたい」とした者は２・３％だった。一方で４０万人超の有期限のローテーション労働者を抱えながら、１４３万人の定住外国人を擁する日本は、他国にあまり例をみないちぐはぐな姿をみせながらも、事実上「移民社会」への歩を進めている。

定住外国人をとらえる手がかりとして、次の四つの在留資格がある。「特別永住者」、「永住者」、「定住者」、「日本人の配偶者等」がそれで、これらの資格の保有者は定住性の高い外国人とみて間違いない。それらの合計が、右の数に達するわけである。定住外国人が、単に長期滞在者であるだけでなく、日本のなかに生活の基盤をもち、家族共々の生活を送り、世代再生産を行い、長く住みつづけるという意思または表徴を示しているとき、「移民」とよんでよい存在となろう。

なお、移民とは概念上、「外国人」とイコールではない。帰化して日本人になっている者、来日時にすでに日本国籍をもっている重国籍者（国籍留保の手続きをした外国で生まれ、育った者）、親の一人が外国人である日本人も、移民ないし移民関連人口といえよう。筆者の大雑把な推定では４０万〜５０万人にはなると思われるが、データの公表が不十分なので、以下ではうまく触れることができないのは残念である。

移民と移民化

（在日コリアンは別として）すべてのニューカマーの外国人は、新規入国の際には、滞在期限

（在留期間）付きの外国人だった。それが在留期間を更新しながら、長期滞在者になり、その居住の仕方や活動の仕方も変えながら、右記のような移民的存在に変わっていくとして、その過程を「移民化」と呼び、いくつかの指標を手がかりに、移民化の諸相をみてみたい。

２０１９年現在の中長期滞在外国人数２９３万人余から「技能実習」、「特定技能１号」のような滞在期限が限られている在留資格の保有者を除いた、約２５２万人を分母として定住外国人の比率をみてみよう。表７にみるように、三つの在留資格の保有者は合計で１４３万人、在留外国人全体の５７％となる。このあたりが、「移民」とみなしてもよい外国人の規模であろう。子ども（１５歳未満者）と、高齢者（６５歳以上者）の割合に注目したのは、家族移民がどれほどの規模かを推測するためであり、子どもおよび高齢者を擁する世帯の多くは移民化していると仮定できるからである。

国別，2019年）

（人）

子ども（15歳未満者）	高齢者（65歳以上者）
246,549（9.8%）	183,776（7.3%）
86,325（11.8%）	19,291（2.6%）
21,489（4.8%）	116,771（26.2%）
25,844（10.5%）	2,882（1.2%）
34,989（16.5%）	9,445（4.5%）
7,770（16.0%）	2,802（5.8%）
15,210,000（12.1%）	35,885,000（28.4%）

の配偶者のみを取り出したもの．

なお、「在留外国人統計」上、外国人の子どもの数は、当事者たちの実感よりもしばしば少なめに示される。これには国際結婚の増加が関係する。たとえば韓国人の子ども（１

表7　いくつかの指標からとらえた移民化の様相(出身

	総　数*	在留資格「永住者」保有者**	同「定住者」保有者	同「日本人の配偶者」** 保有者
外国人全体	2,520,544	1,105,665 (43.9%)	204,787 (8.1%)	117,068 (4.6%)
中国	731,205	274,601 (37.6%)	28,822 (3.9%)	28,952 (4.0%)
韓国	446,358	353,675 (79.2%)	7,208 (1.6%)	12,500 (2.8%)
フィリピン	246,813	131,983 (53.5%)	54,359 (22.0%)	22,306 (9.0%)
ブラジル	211,671	112,401 (53.1%)	73,536 (34.7%)	2,026 (1.0%)
ペルー	48,663	33,618 (69.1%)	10,936 (22.5%)	475 (1.0%)
日本の総人口	126,167,000	—	—	—

*　「総数」は「技能実習」,「特定技能1号」を除いた数
**　「特別永住者」も含む
***　「日本人の配偶者」は，在留資格「日本人の配偶者等」のうちの日本人
同在留資格は，日本人の配偶者及び日本人の子を含む
出所：入管協会『在留外国人統計』2020年版

5歳未満者)はわずか2万1489人である。これは、在日コリアンの結婚の8割以上が日本人とであって、生まれる子どもが親からの国籍継承により日韓の二重国籍となる。法務省のとる「外国人」の定義である「日本国籍を有しない者」に従うと、これらの子どもは日本人扱いとなり、「在留外国人統計」からは除かれるためである。同じことは、日本人との結婚が多いフィリピン人の場合にもいえ、子どもの数は少なめに示されている。二重国籍であることを統計に反映させる工夫は行われていない。

この「移民化」の様相、特徴をいくつかのグループに分けてみておこう。

ブラジル人、ペルー人の場合、多くが日系で、もともと家族同伴率が高く、リーマンショック後の失業禍に見舞われた時期に、帰国をせず、残留を決めた人々であるだけに、永住・定住率も高い。ブラジル人で89%、ペルー人で93%がそうである。すでに述べた帰還移民という性格もある。「(日系南米人の受け入れは)戦後日本にとって、最初の「移民」受け入れであったと捉えることもできる」との見方もある(宮島喬・鈴木江理子『新版 外国人労働者受け入れを問う』岩波ブックレット、2019年)。在日ブラジル人、ペルー人においては子ども(15歳未満者)率は15%を超えていて、日本の総人口におけるその率(12%)を上回る。家族移民化が進んでいることの証左である。この第二世代の教育、社会化の問題が、いま彼らにとって課題となっている。高齢者の割合は低いとはいえ、その数は合わせて1万人を超える。公的年金受給者がどのくらいいるだろうか。

フィリピン人の場合、永住・定住率は85%と高く、性比では女性の比率がきわめて高く、日本人の配偶者というかたちで移民となっている者がそのうち3～4割になるのではないか。かつて「興行」ビザで来日、滞在していた者が、日本人の配偶者へ、定住者へ、さらに永住者へとビザを切り換え、滞在するケースも多いようだ。子どもの率は10%程度だが、日本国籍の子どもを合わせると、比率は相当高くなり、家族移民の性格は強い。高齢者は少なく、比較的年若い移民集団といえよう。ＪＦＣ（第2章3節を参照）として10年、15年と滞在を続ける者も、フィリピン系移民にくわえられよう。

最多の外国人グループである中国人の場合、「永住者」資格の保有者は3分の1強で、留学生、就学生として来日して以来、10年、15年と滞在年数を重ねる者が多く、日本企業に就職し、家族も合流し、比較的高い日本語能力ゆえに、生活の適応にも社会生活の参加にも困難を感じない。なお、彼らの日本への定住の仕方に「移民」のコンセプトは充てにくいという見方がある。中国人の日本滞在意識の一面を、社会学者坪谷美欧子は「永続的ソジョナー」とよんだ。「ソジョナー」(sojourner)とは一時滞在者を指す言葉であり、それに「永続的」の形容が付く（坪谷美欧子『「永続的ソジョナー」中国人のアイデンティティ』有信堂高文社、2008年）。事実上定住者となっていても、日本を永住の地とは考えず、よりよい条件で働ける場や機会があれば移動するという心組みをもち続けるといわれる。しかし、そうした意識を伴う移民化もありうると考えるべきだろう。

仕事と生活基盤からみて

移民とよんでよいこれら定住者たちは、よき仕事に就き、満足できる報酬や成果を得、その継続を望んでいるのだろうか。もちろんそういう人々もいるが、大勢は必ずしもそうではないようだ。いくつか例をあげたい。

専門的・技術的分野で職に就く中国系の移民の場合、比較的多くが正規雇用の安定した地位、収入の下にあるとみられる。これまでたびたび紹介してきた川崎市の外国人市民意識実態調査では、中国人世帯の相対的貧困率が他の国籍グループより有意に低く、日本人市民並みとなっている(第6章図7を参照)。ハイテク企業、情報産業の多く立地する現代工業都市川崎らしい特徴である。昇進面での差別に不満ももちながら、収入の水準、安定などについては比較的ポジティヴに語る者もいる。一定期間の企業での勤務の後、起業に転じ、日本人の協力者も得てビジネスに成功する例もないことはない(IT、コンピューターソフト開発など)。

オールドタイマーで、旧移民というべき在日コリアンの生活と意識については、差別を被り生活困難におちいっている人々(高齢者に多い)や、差別に抗して高学歴で独立的な専門職領域に進出している人々もいることは、すでに触れている。しかし一般の在日コリアンが生活基盤としているのは、依然として自営業(飲食店等)が多い。近年、若い世代では事務職、専門職などへのシフトチェンジもみられ、日本人市民との生活格差も縮まっているようである（『川崎市外国人市民意識実態調査報告書』など）。

生活の基盤の未確立な移民

しかし、中国系移民は多層的でもある。留学→学位取得→日本企業に就職のようなコースをたどり、定住化していくエリート型ではない、ノンエリートの、学歴も中レベルの、多くが販売サービス業に従事する移民の場合、生活の基盤を得ることに成功せず、苦労している姿もある。筆者が行った中国人一青年へのインタビューの結果を、一連の語りのかたちで紹介する（横浜市中区で実施）。

Ｌ・Ｃさん（中国福建省生まれ、１９歳）

父は料理人として日本に発ち、母も共働きで稼ぐのだといって、翌年日本へ。自分は祖父母の許に残され、そこで育つ。７年前に親に呼び寄せられて来日。日本語は分からず、学校では授業についていけず、日本人の友達もできなかった。両親は朝に家を出て、夜９時、１０時に帰って来る毎日で、「自分の店（中国料理店）をもちたい」というのが二人の口癖だった。

そのため貯金をしていたようで、生活にゆとりはなかった。何とか定時制高校に入ったが、教室での勉強は自分に向かないと思い、高2で中退。親は何もいわなかった。その後スーパーや中華食材店でアルバイトをしてきた。将来親が店をもったら、少しはましな日本語を使える自分が接客や会計をやるつもりだ。親は正式に日本語を習ったことがなく、片言しか使えないから。

L・Cさんの両親はもう10年以上の日本滞在で、故国に帰る意思はないと言い、L・Cさんもその第二世代ということになるが、その生き方は、先に見た高学歴のエリート中国系移民とはだいぶ違う。

地位下降移民として生きる

次のような生き方には、社会的に周辺化された移民たちの生き様がみてとれる。来日前に故国で就いていた前職に比べ、地位の下降を感じながら、長年不安定な仕事に就いてきた人々である。

Fさん（日系南米人、50代、愛知県在住）

母国で大学を卒業、エンジニアとして働いていたが、1990年代に来日、派遣労働者として自動車工場の下請で部品製造、組立その他で働く。何度かリストラにあう。家族は早くに呼び寄せ、妻は同じく派遣で、食品製造工場のラインで働く。2人の子どもの教育費をカバーするために彼女の収入は欠かせなかったという。彼が帰国をあきらめたのは、「自国の経済状況が一向に思わしくないこと、日本のほうが医療、福祉の制度が整っていて暮らしやすいと妻が帰国を望まなかったからだ」と述べる。在留資格「永住者」を得ていて、帰化も考えたが、今はあきらめ状態（「日本語能力に自信がないから」ともいう）。大卒でありながら、日本に来てからは、派遣労働者となり、単調な反復的な労働に就かねばならないのは不本意だっただろう。それだけにFさんは、子どもたちには日本で高等教育まで受けてほしいと願っている。

Gさん（フィリピン人、女性、40代初め、神奈川県在住）

日本式にいうと短大にあたる学校を出た。音楽関係の仕事をしていて、「興行」（エンタテイナー）ビザで来日。クラブなどで一時歌手として歌い、次にホステスとして働いていて、顧客だった日本人男性と結婚。1児をもうける。その頃、日本語も一生懸命学んだが、漢字を使う読み書きはできずに終わる。その後離婚。子どもを引き取り、母子世帯で暮らす。自らを養えるだけの職になかなか就けず、一時は生活保護を受けた。ホテルのパート従業員となり、生活費を稼げるようになったが、中学生になる子どもの教育費と母国の親への仕送りもあり、ほとんど余裕がない。「でも、帰国は考えていない。子どもは日本人で、主に日本語と英語で育ち、フィリピノ語はまったく教えていないから」。日本滞在は15年を超える。在留資格の更新は一応できているが、前年の所得が少ないと、1年間のビザしか下りないことがある。更新のことで煩わされないため「永住者」資格を取りたいが、その取得の要件に「独立の生計を営むに足りる資産または技能を有すること」というのがあり、これは彼女にはむずかしい条件だという。

「移民の統合」という課題

移民は、その出自が外国で、異文化を負った人々ではあれ、ホスト社会に定着し、その社会の成員となって活動し、生活する存在である以上、差別され、排除されることなく、平等に、共生すべき存在として扱われなければならない。ここで「移民の(社会的)統合」という課題が浮かび上がってくる。1990年代にヨーロッパで、この統合の促進がイミグレーション政策上の課題とされるようになった。そして右にみたFさんやGさんの場合や、第二世代で、高校を中退し半端なアルバイト仕事にしか就けないL・Cさんの場合を、例外ではないと考えるなら、統合されていない移民の存在としては、看過できないだろう。

日本ではこれまで「移民の統合」(この言葉を使うか否かは問わない)という課題を認識し、それに取り組むという姿勢は、政府にも、入管政策の側にも乏しかった。むしろ地方自治体のなかに、このような問題意識をもつところがあり、限られた政策資源を用い、たとえば、無年金者が多いと推測される高齢外国人住民に、「外国人高齢者福祉手当」を支給している都市もある。

「移民の統合」の政策として何が重要か。それはヨーロッパ諸国から学ぶところが多く、ヨーロッパでは統合を進めるための政策として、成人への言語教育、所得再分配システムの強化、職業再研修、市民権(国籍)付与、第二世代の子どもの教育達成の支援、などが行われてきた。

Fさん、Gさんのような中長期滞在予定の外国人が、来日時にしっかり日本語教育を受けていたなら、職業再研修の機会が与えられていたなら、また福祉給付、家族手当、住宅手当などが充実していたなら、そしてより安定した制限の少ない在留資格を与えられたなら、差別や排除をまぬかれ、社会のなかにより安定した位置、地位をもつことができただろう。

日本のイミグレーション政策は、これまであまりにも軽視されてきた統合政策に重点を移していかなければならない。

2016年6月，川崎でヘイトスピーチ団体のデモ中止を求め，プラカードを掲げる人たち（提供＝共同通信社）

第5章 差別、反差別、移民支援

1 外国人差別の諸相、諸次元

「仕事をさがすとき、差別にあうのではないかと不安」(15・4%)、「(住居をさがしてたとき)外国人であることを理由に入居をことわられた」(21・9%)、「まちなかで日本人でないことを理由に脅迫や差別的な暴言を受ける不安(がある)」(10・8%)。これらは大都市在住外国人の声である(『川崎市外国人市民意識実態調査報告書』2015年)。この1割から2割という数字は、決して低くないというのが筆者の感想である。

今から20年前の状況を思い起こすと、差別はもっと直接的だった。「わが社の社員は日本人たることを要す」とうたう社則をもつ企業があった。求人のアナウンスが出ているので、申し込むと「弊社は外国人は雇いません」と一言の下に断る店、企業が結構あった。アパートを借りようとして「外国人お断り」にあい、何十軒も不動産屋を回らなければならなかったアジア人青年の例があった。

その後、「反‐差別」の啓発が行われ、外国人／移民支援団体の活動があり、外国人の側からの差別撤回を求める裁判もなされ、それらの影響は小さくない。日本人、外国人との共働、共住の場は増えている。「多様性」（ダイバーシティ）を奨励し、推進する企業等の取り組みも、散見される。

しかし、「私たちは差別しない、差別はゆるされない」とする個人や組織責任者の意識とは別に、外国人／移民の経験する差別にはたいてい制度、構造、慣習にもとづく次元のものがある。

当然視される日本人と外国人の権利における待遇の差

日本国憲法で「法の下での平等」がうたわれ（第１４条）、労働基準法第３条が「均等待遇」、すなわち「国籍、信条又は社会的身分を理由とする差別的取り扱いの禁止」を定めているのに、同じ労働に従事している日本人と外国人の間に権利や待遇で差を付けることを必ずしも「差別」とは考えない。この感覚が企業にも、より広く経営界にもある。

ほぼ同じ作業に従事する正規雇用者と非正規雇用者の間に待遇差別があるのは当然とする感覚は、従来からあった。小泉政権の下で法改正により製造業への労働者派遣が解禁されたこと（２００３年）は、別の「当然」をつくりだした。外国人を使うとなると、当然のごとく、非正規、派遣、構内請負などとして受け入れ、経費節減の具とするのである。否、すべての外国人ではなく、欧米系の外国人ではしばしば学歴や勤務経験が考慮され、またアジア系でも、留学生として日本の大学や専門学校に学び、修了した者には正規の、無期の雇用に就くことが可能だが、そうでない者は自国での学歴、前職の勤務経験はほとんど考慮されず、非正規の、派遣労働者などとして使うことが慣行化された(第4章5節、南米人Fさんの場合)。

公認された差別もある

差別的扱いが、事実上公認されているケースもある。「技能実習生」の扱いでの外国人労働者の受け入れは、これを有期雇用とすること、さらに転職(転職場)を不可とするという制約を許すことになった。日本人労働者との待遇差、権利差は明らかとなる。技能実習制度の制度設計はほかならぬ国が行ったのだから、国自らがこの差別を制度化したことになる。これは不当な差別と判断すべきものだが、技能実習制度は労働者の受け入れではなく、技術移転のための実習生受け入れだという建前があり、そこで議論も止まってしまいがちだった。

遅ればせの技能実習法の制定(2016年)によって、「技能実習生に対する報酬の額が日本人が従事する場合の報酬の額と同等以上であること」(第9条⑨)などが改めて定められたが、20年来の公認されてきた右述のような差別的な扱いは見直されなかった。しかも近年では、超大企業の三菱自動車（岡崎製作所）、日産自動車（横浜工場、追浜工場）、日立製作所（笠戸事業所）も、インドネシア等からの技能実習生を使っていて、そのうえ「違法行為」を行っていることが明らかにされた。

入管法の適用が生む差別

外国人は出入国管理及び難民認定法（入管法）の適用を受けるが、日本人はその適用外である。在留期間と在留資格が定められている外国人は、新たに提供された雇用に就きたい、ちょっとしたアルバイトをしたい、健康保険に加入したいと思っても、断られてしまうことがある。これをもってただちに差別だというつもりはないが、いくつかの局面でこれを大きな制度的差別だと感じる外国人は多い。

たとえば、在留期間更新の手続きがうまくできず（必要な書類が揃えられず）、オーバーステイ状態で滞在し、働きつづける外国人がいるとする。住民登録も抹消され、自治体のサービスを受けにくくなり、国保の保険証の更新もなく、病気になっても保険診療を受けることもできない、厳しい不安な毎日となる。オーバーステイが発覚し、入管法違反で処罰されるのを恐れ、子どもが生まれても出生届を出しに役所に行くこともできない。

入管当局の基本的な考え方は、日本における外国人の権利は、入管法で定められる在留資格の範囲内で認められるとする。いわば入管法を最上位に置くもので、労働法、社会保障諸法、地方自治法などの効力を停止させる力をもつ。

こうした入管法の「超越性」には、行政内部からも、地方自治体などからも批判はあって、入管法と、他の法、条例、規則などの関係を調整する試みもあった。たとえば旧労働省は「不法就労者にも労働法は適用される」という解釈通達を出していた（ただし、その範囲は限られた）。

社会保障諸法と外国人

在日外国人の公的年金への加入率は、6割程度と低いが、なかでも後期高齢外国人になると、無年金、超低額年金の者が少なくない。その大半が在日コリアンであり、かれ／彼女らは1982年、国民年金への加入が外国人に認められた時、すでに35歳を超えていて、当時の年金支給開始の60歳では、25年という受給資格を満たせないという理由で、加入を拒まれた人々である。そのような場合、通常、特別の経過措置を講じ、加入を認めるものだが（沖縄の日本復帰［1972年］の際、沖縄県民に対し、また中国残留邦人の日本定住の際、特別措置がなされた）、そうした措置はとられなかった。

かれ／彼女らが外国人だったからだと考えざるをえない。差別ではないだろうか。のち、外国人ゆえに未加入だった期間をカラ期間（受給資格期間に含まれるが、年金額には反映されない）とみなす一部法改正が行われ、超低額年金の受給者が生まれることになる。

こんな問題もある。ニューカマーの一外国人が企業の雇い止めにあい、次の働き口を懸命に探したが見つからず、収入を絶たれ、困窮してしまい、生活保護を申請しようとしたが、在留資格が、「永住者」や「日本人の配偶者等」のような定住者的な資格ではないことを理由に拒否された。「最後のセーフティネット」とされるものが、なぜ多くの外国人（４～５割の在日外国人）には提供されないのか。これは、相当年数、納税をしつつ滞在してきた外国人には理不尽な「差別」だと感じられよう。

シティズンシップ差別

シティズンシップ系の権利というと、代表的なものは参政権だろう。外国人には、公職選挙法の適用される選挙（第２条）における選挙権、被選挙権は認められていない。

だが、ヨーロッパでは１９７０年代からスウェーデン、オランダ、デンマークなどで定住外国人に地方選挙の選挙権を認める法改正があり、その影響もあって、日本でも、定住要件をみたす外国人には地方選挙の選挙権が認められるべきだとの議論が起こる。在日コリアンを中心とする外国人住民がこれを求め、多くの地方議会がそれを支持する決議を寄せる。1995年、在日コリアン住民の起こしたある選挙人名簿への登録を求める請求を退けた最高裁判所が、「市町村という住民生活に密接した地方公共団体の首長、その議会の議員の選挙で定住外国人に法律で選挙権を付与することは憲法上禁止されていない」という旨の見解を示した。それを承けて、民主党、公明党、共産党が提案し、永住外国人地方参政権付与法案が国会に上程されたが、与党自民党の反対で、未審議のまま廃案となった。

では、選挙権、直接請求権の行使以外の政治的活動の自由は認められるのか。政党、政治団体への外国人の寄付は禁止されており、日本には政党法はないが、外国人に参政権が認められていないため、各政党は外国人の入党をはかっていない。だが、政治活動の自由は憲法で認められている思想、良心の自由、集会・結社・表現の自由に関連するもので、これは外国人にも保障されるべきものである。であるなら、憲法が認めている自由は法務大臣も尊重すべきである。ところが、一在日外国人の行ったデモや集会への参加を、「日本の国益に反する行為」と判断し、当該外国人の在留管理にフィードバックさせた例があり、当人の抗議、提訴により争われたが、最高裁は法相の裁量権を認めた(マクリーン事件*)。

外国人の政治的活動の自由は認められないわけではないが、それは外国人在留制度の枠内で許容される、とする見解は今日にいたるまで覆されていない。外国人からはこれは差別的な見解だと受け止められ、事実、これは彼らの政治的活動を萎縮させていると外国人自身が感じている。憲法学者の間にも、政治活動の基準があいまいで、法務大臣に広範な裁量権を認めている点に問題がある、という批判がある（芦部信喜『憲法　第3版』岩波書店、2002年など）。

＊　アメリカ人R・マクリーンは、英語学校の教師として来日、1年後に在留期間更新の申請をしたが、法務大臣は滞在中の彼の政治活動――ベトナム反戦、日米安保条約反対、入管法改正案反対等のデモや集会に参加――を理由に、更新を拒否した。同人は異議を申し立て、提訴したが、1978年、最高裁は、滞在中の当人の活動は、法相が在留更新を拒否する理由として斟酌することはできる、と判決した。

2　共に生きるべき場と外国人／移民差別

日本人‐外国人の二分的思考がみちびくもの

外国人と日本人とはちがう、というある意味で単純な、しかし根深い観念が日本人にもたれている。ここでは議論の深堀りはしないが、日本人対外国人の関係を、主人と客人、地付き住民と新転入者のようなイメージでとらえる目がある。日本人の居るべき位置と、外国人の居るべき位置が、頭のなかで（社会学用語でいう日常知[ordinary knowledge]のなかで）決まっていて、それが人々に共有されている。そうした感覚・思考回路には、日本の血統主義的な国籍・国民観が影響しているとも考えられる。

こんな一住民の反応がある。「所用があって、区役所に行った。職員の態度は悪くなかったが、ただ、対応に出た男性は、日本人のように見えなかった。いったいどうなっているのか？」東京都23区内のある区でのことである。こんな投書が区役所に舞い込むということは、住民の日常知が、まだ右の図式にとどまっているということだろう。

だから、公務員の採用に国籍条項はないにもかかわらず、政府の行政解釈で、外国人の任用に制限を設け、それを「当然の法理」であるとするとき、「そういうものか」と納得してしまう風がある。やがてそれが外国人任用上の規則とされ、制度として運用されていく。日本人―外国人の制度化された差別となるのだ。

民族差別、その今日的な展開

「外国人差別」として一般化はできない、特定の国籍、民族をターゲットとした差別や排斥がみられないわけではない。その場合、差別主体は、国など公権力というよりは、日本人住民や日本企業ということになるが、メディアの報道がそれを煽ったとみられるケースもある。

在日コリアンに対しては、彼らを単に他と変わらない外国人と見る目と、歪んだ歴史認識ゆえに距離を置く目と、個人としては目の前にいるコリアン（二世、三世）には隔意のない親しみを表わす目が、複雑に併存している。今日ではコリアンの結婚の８割以上が日本人とである。三世以下の日本生まれのコリアンで、強い民族アイデンティティをもつことなく、日本社会の一員として日常を生きていると自認する者も生まれている（姜信子『ごく普通の在日韓国人』朝日文庫、１９９０年）。けれども、彼らにもこれまで述べてきたような制度的差別は及んでいる。また、国際関係（日韓・日朝関係）の緊張と政治とメディアの反応が、日本人の対コリアン意識に影響しやすく、不安定な面がある。企業によるコリアンに対する就職・採用の直接差別は減ったといわれるが、企業の人事方針とそれを支える意識が本当に変わったのかどうかは分からない。

ニューカマー外国人のなかで、ブラジル人が、「ラテン的、異文化的で、非行が多い」などとレッテルを貼られ、ブラジル人の多住地域・都市で、差別的な扱いを受ける例がかなりある。

実際の犯罪検挙などでは決して1位、2位にくるといったことはないが、イメージの付与が大きいのだろうか。静岡県H市では、客がブラジル人であることを理由に、日本人経営の宝石店への入店が拒まれるという出来事があった。当の客が、これに抗議して人種差別であるとして提訴し、裁判所は原告の訴えを認めた。また同県のF市では、一ブラジル人が自宅を建てるため土地を購入しようとしたところ、近隣住民が「ブラジル人の事件が多く報道されていて、何か起きたら怖い」、と反対運動を起こした。これには法務局も「「人権侵犯」にあたる」と判断して、説示までしたが、住民たちは応じなかった。結局、土地購入はあきらめるにいたっている(朝日新聞、2007年6月28日)。なぜだろうか。これが日系ブラジル人であってもなくてもあまり変わらないといわれる。推測を試みるなら、日本人の血を分けた人々であるにもかかわらず異文化的という違和感や、裏切られたという思いがあり、かえって地元の人々の反感が強められたのであろう。

差別から排外へ――つくられる「特権外国人」イメージ

「差別」というよりは外国人「排斥」や「敵視」というべきであるような動きが、近年目に付くようになった。右に述べたような制度的差別を当然視するのでも、日常の具体的な摩擦・

対立を理由にあげるのでもない、排斥、敵視の言動である。差別主体は国や公的機関ではなく、民間日本人集団であり、「在日特権を許さない市民の会」(在特会)を名乗るグループなどの行動が表にでたが、その社会的政治的背景ははっきりしない。その活動は、デモ、街頭宣伝、インターネットへの書き込みなどによって行われる。

２０１０年前後からみられるようになった彼らの活動の舞台は、東京の大久保地区、川崎市の桜本地区、大阪市生野区などで、新旧のコリアンを主な対象とする。「朝鮮人死ね」、「殺せ」といった極端な憎悪表現(ヘイトスピーチ)もあえてする。また、コリアンについて、実像とかけ離れた虚偽イメージ、「特権外国人」に仕立て、攻撃対象とする。

そうした点から、この集団は主に、外国人を強いライバル闖入者とみなす、自身が職や生活に不安・不満をいだく中下層市民ではないか、と推測される。その傍証となるだろうが、彼らは、多数の外国人が生活保護の受給者になっているとして非難を向ける。この点では北欧諸国にみられる庶民層の外国人／移民排斥感情である「福祉ショーヴィニズム」(福祉国家を守るためなら外国人を排斥してもよい)と一脈通じるものがある。そのヘイト言動の多くがコリアンに向けられてきたが、対象は固定したものではなく中国人やベトナム人に対して敵意が向けられることもある。

これらの憎悪や敵視の言動は、在日外国人の地位や権利を脅かすといったものではないが、一部の国民のなかに潜む差別意識を刺激し、言葉の暴力により外国人たちを精神的に傷つけ、人権侵害にいたっている。

3　差別とたたかう、そして外国人／移民支援へ

日本社会の反応は、これらの差別や排除につねに同調するものではなく、外国人差別とたたかい、彼らの対等な処遇や、権利保障を要求する運動も展開されてくる。そうした動きも見てみたい。

労働者の地位と権利の擁護

労働者の権利を守るためにたたかうのは、まず労働組合であり、西欧では、たとえばドイツ労働総同盟（DGB）が外国人（移民）労働者の権利、同等待遇を守るのに果たしてきた役割は大きい。日本では外国人労働者の労組組織率はきわめて低い。

それでも、個人加入の可能な労働組合であるシティユニオン、地域ユニオン（合同労組）が結

成されていて、外国人にも加入を勧めている。労働相談に応じ、労働者が予告なしに解雇され、残業代不払いなどにあったとき、ユニオンは、当該企業への抗議、交渉を支援する。ユニオンに加入する外国人はまだ少ないが、日系ブラジル人、フィリピン人が多く働く東海地方では、「ユニオンみえ」が組合員に数百人の外国人を擁し、自動車・電機関連の下請け工場などで起こる予告なしの解雇、残業代不払いなどから労働者の権利を守ってきた。より小規模なユニオンでは、外国人労働者の「駆け込み寺」の役割をはたし、突然の雇い止め、解雇、労災、賃金不払いにあって駆け込む外国人(近年技能実習生が多い)を支援するものが各地にある。言語(日本語)能力が不十分で、労働法規にも不案内な外国人にとり、労働者の権利を守り実現するのに、ユニオンの存在は貴重である。

たとえば、東京・上野に本拠をもつ全統一労働組合は、個人加入労組として、多くの外国人も迎え入れ、歴史と活動実績を積み上げてきた。その書記長だった鳥井一平(現・移住者と連帯する全国ネットワーク代表理事)は、全国を奔走し、外国人労働者を差別的に扱う、そのような訴えのある事業所に抗議し、交渉し、改善を求めてきた。

ただ、これらのユニオンは、解雇や賃金不払いにあった外国人がその解決を求めて緊急に参加してくるので、それら緊急案件への対応が中心で、労働条件や待遇改善につき常時使用者と交渉するような活動は行いがたい。それが限界だともいわれる。

滞在と就労の正規化を支援する

外国人が入管法違反を理由として、退去強制に付せられるという事案があることはすでに述べたが、これに異議を申し立てる声が起こる。「不法就労者」、「不法残留者」とよばれる外国人に、支援、救済を行おうという声は1980年代からあったが、それが明確なかたちをとるようになる。横浜市で活動していたNGO「カラバオの会」(寿・外国人出稼ぎ労働者と連帯する会)の訴えを皮切りに、後には当人が同じく非正規滞在の家族と共に集団で入管当局に出頭し、滞在の正規化を求める運動を進めたNPO法人APFS(Asian People's Friendship Society)の活動もあり、しばしば法曹専門家(弁護士)がこれをバックアップする。

退去強制処分の対象となる入管法違反の事案は、同法第24条で広範にこまごまと記されているが、密入国や窃盗などの不法行為がなく、入管法違反のみという外国人の身柄を拘束し、退去強制に付すことは正当か。正規化の手続きにより、彼らの在留資格を回復させることがあってよいだろう。NGOの問題提起があり、法曹専門家たちがこれを承け、その支援の下に、退去強制命令の撤回を求める提訴も行われるようになる。

訴えを起こす原告が外国人一家族や母子だったりすると、メディアも報道し、地域の日本人住民の関心や同情もよび、住民が外国人支援の側に立つことも起こる。

たとえばオーバーステイ状態のまま日本人男性と結婚し、一児をもうけたフィリピン人女性は、後に離婚し、母子で暮らしていて、大阪入管局から母国への退去を命じられた。彼女は退去強制処分の取り消しを求めて提訴。「娘は日本語しか話せず、帰国しても生活は困難」と訴えた。それに対し、近所に暮らす住民たちが「支える会」を結成し、「母子は地域に溶け込んでおり、退去は不当」とする2万筆の署名を大阪地裁に提出した。地裁は、「母子が地域に溶け込んでいる」という事情を考慮し、国が特別に在留を許可することとし、和解を成立させた（１９９２年3月）。

「不法」(非正規)滞在外国人の救済あるいは正規化のための、ＮＧＯ、法曹専門家、住民の共闘はその後も何度もみられる。ただ、裁判の結果はさまざまだった。すでに述べたアミネ・カリルさん一家の場合にも、共闘と支援の態勢がつくられた。

入管当局の行う行政処分が絶対ではなく、異議を申し立て、争いうるものだという観念をもたらしたことは意義がある。いったん出された退去強制命令を取り消す在留特別許可が、年に数千件も発出されるようになったのは、そのことを表わしている。

入管法違反でも、基本的な人の権利は守られるべき

すでに述べた「日本における外国人の権利は、入管法の定める在留資格の範囲内で認められる」とする、最高裁も認めた入管当局の原則は、非正規滞在の外国人から事実上多くの権利を奪ってきたが、これに対する挑戦も行われている。入管法違反を問われ、在留資格を失えば、労働の権利、社会保障の権利、教育を受ける権利、等々も奪われるのか、それは法効力の逸脱的な拡大ではないか、と。

この点では時として、地方自治体が、外国人の権利を守る影の役割を果たしてきた。事実、2012年の外国人登録法の廃止まで久しく、外国人登録事務は市町村窓口で行われていて、非正規滞在者でも、自治体の判断で、「在留資格」の欄を空欄のまま受け付け、登録することがあった。それによって予防接種の案内や、就学案内を受け取ることができた。この就学については、1990年代の早い時期に神奈川県教育委員会が国際人権規約(日本も批准)にもとづき「(外国人の子どもに)在留資格のない場合でも、就学機会を保障するように」との一斉指導を市町村教育委員会に行っていて、その反響は大きかった。

ただし、2012年以降、市町村での外国人登録事務が廃止されたので、自治体独自の判断

で、外国人住民を助ける施策を行うのがむずかしくなったといわれる。

技能実習制度の廃止、または抜本的な改変へ

問題の多かった技能実習制度については、すでに２０１１年、日本弁護士連合会より、同制度の下では労働者の権利がはなはだしく侵害されていることを理由に、廃止の提案がなされている。２０１６年、「適正な実施及び技能実習生の保護」を旨とする技能実習法が制定された。法務省も、技能実習生の劣悪な、人権蹂躙にも及ぶ扱いは放置しておけないと判断したのだ。法律のかたちで、同程度の技能を有する日本人労働者の場合と同等額以上の報酬の支払いを命じ、本国の送り出し機関が、実習生当人から「保証金」を徴収することや、受け入れ企業が「強制貯金」をさせることの禁止がうたわれる。監視も、より厳しくなり、改善命令も頻繁にだされるようになった。

だが、その後も、２０１７年をみると、入管当局が指摘した「賃金等の不払」が１３９件あり、この差別的待遇への不満や、従事する労働への不満（約束の修得したいと思う技能と関係ない仕事をさせられている）が昂じてか、この年、「失踪」した技能実習生が７０００人を超えている（『日本労働年鑑』２０１９年版）。

そして近年では、技能実習生自身から、差別と搾取の現状の訴えが、支援ＮＧＯと弁護士の助けを得てなされるようになった。そして２０２１年、国際社会から別の次元の強い批判が示された。２０２１年の米国務省の「人身取引報告書」で、日本は第二レベル監視国に位置づけられた(このことは、ベトナム人実習生Nさんの事例[第2章4節]を見れば、うなずけるものがある)。技能実習制度＝人身取引という批判が、今後強まるかもしれない。

反差別、マイノリティ支援の運動

法的・制度的措置によって外国人／移民への差別の禁止、ないし彼らへの支援を進める施策や運動が緒に就いている。これには地方自治体とそれに連携するＮＧＯ(支援団体、人権団体)の役割が大きい。

さまざまな生活場面や権利行使の場において内外人の平等をはかるだけでは、真の平等にならず、むしろ外国人等マイノリティの人々に、特別な優先処遇や支援措置を適用することで、平等に近づけるという考え方が生まれる。欧米では「積極的措置」、「積極的差別」とさえよばれるものが、それである。大学の入学定員の一定割合を外国出身者や民族マイノリティ出身者に割り当てるといった方式がある。より間接的なこの種の措置には、マイノリティの人々の能力や行動機会を高めるための特別な教育を提供することや、彼らにとって必ずしも容易ではない社会参加、政治参加を可能にするための特別制度の設置などがある。

日本でも定住外国人が増えてくる前世紀末頃から、地方自治体と外国人支援ＮＧＯなどのイニシアティヴで、そうしたアクションが採られるようになる。若干の例をあげる。

先に述べたように定住外国人たちが要求してきた地方参政権は認められなかったが、その外国人住民たちのために、川崎市や神奈川県をはじめとする諸自治体が外国人代表者会議（名称はまちまち）を設け、県政や市政に間接的にせよ参加する道を開いた。

また、外国人の子どもの教育においては、言語的ハンディキャップの大きさ（日本語は、書記システムを含めるとむずかしい言語である）と日本的学校文化の特異性ゆえに、彼らは不利を負うマイノリティとされてきたが、近年では、学校関係者、指導ボランティア、ＮＧＯの間から、特別な指導の体制が彼らに充てられるようになり、特別な教育支援あるいは進学支援が行われるようになったが、これについては別のところで触れよう（第６章２節をみよ）。

外国人／移民の人権のために——反ヘイトスピーチ法をつくる

しかし、外国人差別が、先にみたように一部の日本人グループにより「排斥」や「敵視」というかたちで、あるいは「憎悪」という極端表現(「殺せ」、「死ね」など)で示される2010年前後から、反差別の運動、行動も変わらざるをえなくなった。

これには日本人市民・外国人住民混成の対抗デモが行われ、さらに自民党、公明党の与党、立憲民主党ほか諸野党も含めたヘイトスピーチ規制(禁止)に向けた立法化への動きが起こった。これは前例のないことで、それだけ、在特会等によってなされる「ヘイト」宣伝活動と、ネット利用の匿名の同調者の書き込みが、人権蹂躙、社会分断の懸念を呼び起こしていたということである。ヘイト言動を向けられる対象である外国人/移民の諸個人がこうむった精神的苦痛と恐怖は、通常の差別的な言行に出あって覚える不快感の域を超えた。

人種差別撤廃条約をようやく1995年、国会承認し、それに対応する国内法をつくっていなかった日本も、そのままではいられなくなった。2016年6月「ヘイトスピーチ解消法」が成立した。処罰規定をもたず、不十分な法対応だともいわれたが、しかし、「本邦外出身者に対する不当な差別的言動は許されない」ことを一個の法が宣したことの意義は大きい。

法律がつくられた以上、それを承けて、地方自治体が有効な規制権限をもつ条例制定をするよう求める声が起こる。たとえば川崎市では、「ヘイトスピーチを許さないかわさき市民ネットワーク」が形成され、在日コリアン、日本人市民、労組、市議、弁護士などが結んで、条例制定を強く要求した。条例制定はすでに、「解消法」成立以前に大阪市でなされ、同法成立後、東京都世田谷区、国立市、神戸市、大阪府などで制定されていて、特に川崎市の2019年制定の条例(「川崎市差別のない人権尊重のまちづくり条例」)は、慎重にだが、本邦外出身者に不当な差別的言動を繰り返しなす者に対する処罰規定を導入した。多くの課題を残しながらも、必要な二歩目が踏み出されたといえる。

4　庇護移民に扉を開く——国際人権と日本

難民に扉を閉ざす国？　日本

ここで「国際人権」の問題に視野を切り換えたい。

OECD加盟諸国が2019年に受け入れた難民申請者(asylum seekers)は、総計121万人にのぼるが、日本の1万380人は、いかにも少ない。難民申請者とは、「自分を難民として認定し、保護してほしい」と申し立てる外国人で、その審査を受けるため入国、滞在を認められた者、または、すでに入国し滞在していて同申し立てをした外国人である。

「差別」という視点から難民の受け入れ問題にアプローチするなら、一定の要件を充たしているはずの難民申請者がなぜ保護を受けられたり、拒まれたりするのかという問題があるが、またそれとならんでなぜ日本の難民の受け入れシステムが、難民認定申請をする外国人に対し、厳しく選別的なのかが問題である。

日本では難民の受け入れを、一般の移民受け入れとは別ものと考える向きは強いが、欧米諸国では必ずしもそうではない。たとえば(西)ドイツでは、戦後久しく、旧東ドイツ(ＤＤＲ)や東欧諸国からやってきた難民(亡命者)が、身を落ち着け、経済復興・発展を支える移住労働者の役割を果たした。難民受け入れの伝統をもつスウェーデンは、年間数万人、多い年には１０万人を超える申請者を受け入れており、事実、就労している外国人の多くが難民として受け入れられた人々である。

そこへいくと、日本では、外国人労働者の受け入れの拡大を唱える政府は、難民受け入れをそれとは別のこととみなし、難民条約の締約国として難民の受け入れの仕組みはととのえているものの、積極的な受け入れの姿勢をみせない。難民の保護を日本政府に要請してくる国連難民高等弁務官駐日事務所(UNHCR Japan)にも協力的とはいえず、また、難民の保護という国際的な人道的支援活動の意義を訴える市民啓発もあまり行っていない。

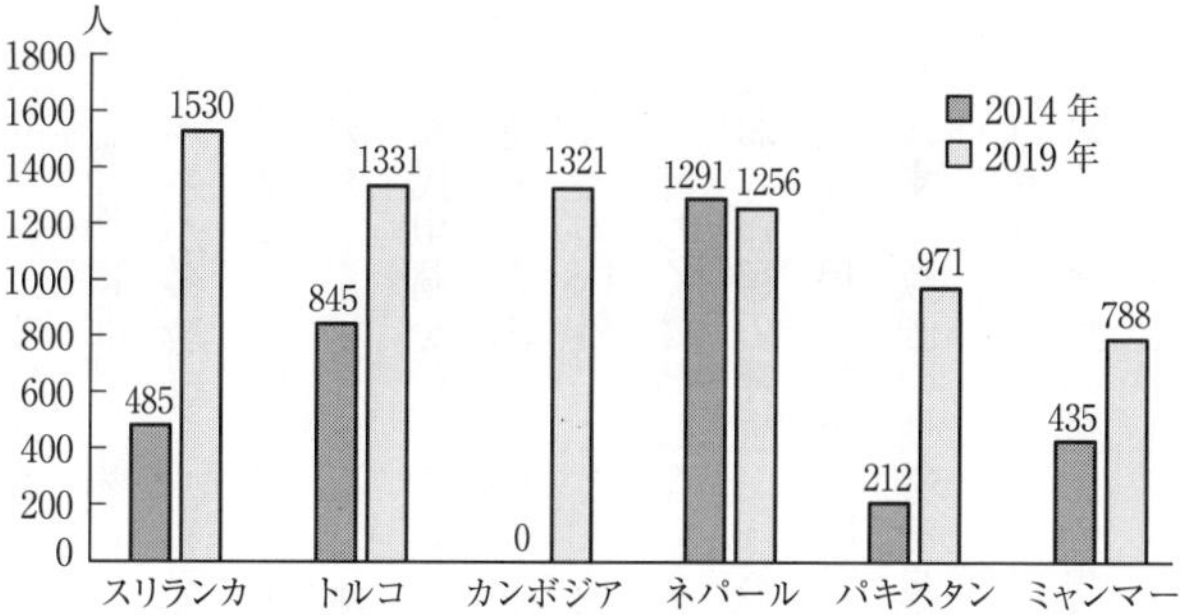

図6　難民認定申請者数(国籍別，上位6国)

難民発生の多いアジア

日本を取り巻くアジア諸国・地域は、民族紛争・対立、宗教紛争、またそれらを収拾するための強権政治、軍事統治などが生まれやすい舞台をなしていて、難民の発生しやすい世界でもある。近年、ミャンマー、スリランカ、アフガニスタン、トルコ、中国などで起こっている事態を想起すれば、うなずかれよう。それだけにこれらの国・地域発の難民を、アジア内の難民条約締約国が受け入れるのが自然だろうが、その一つである日本は、いま述べたように難民受け入れに積極的ではない。アジア発の難民の多くが、欧米諸国またはオセアニア諸国に向かっているという事実は、日本人として考えさせられる。

数としては少ない約1万人(2019年)の日本に難民申請をした、大部分がアジア出身の外国人ついて、内訳をみてみよう(図6)。

スリランカでは多数派民族で政府支持のシンハラ人(仏教徒)に対し、少数派のタミル人(ヒンドゥー教徒)は北部・東部の分離独立を目指し、紛争状態が続いたが、政府軍が後者を制圧し、タミル系が多数難民として国外に出ている。トルコ人の場合、難民のほとんどがクルド系の人々である。長年のクルド人国家形成運動、そのシンパとみなされる者への政治的抑圧、軍事クーデタ(1980年)後、逮捕を逃れるための脱出などがあり、1990年代から来日者が増え、難民申請を行っている。ミャンマーでは、2021年2月の軍事クーデタに先立つ、民主化の進んだとみえる時期(2011年に民政移管)にも軍の強権支配は姿をのぞかせ、難民として日本などの国外にとどまる者が少なくなかった。その他、カンボジア、ネパール、パキスタンでも、詳しくは触れないが、政情不安、大災害による生活不安があって、海外に出る者が多い。

なお、難民の発生、国外に出ての庇護の申請・認定、家族の合流は、長期にわたる事柄である。政変、民族紛争、戦乱がやみ、ないし暫定的に停止されても、国外に在る難民は簡単に帰国できず、故国の情勢を見守りつつ、難民申請を繰り返している。このことは理解されねばならない。

これらの難民の発生の事情、背景の下、いのちと人権にかかわる脅威を経験した人々に、できるだけ庇護を提供すべきだと思われるが、日本の行う難民の受け入れ、認定はきわめて限られていて、２０１０～１９年の間に難民認定された者は２５６人（平均１年に２６人）にすぎない。このほか、「第三国定住」（自国を脱し、他国にある難民キャンプで一時的庇護を受けた後、第三国へ移動し、長期的滞在の権利を与えられること）のかたちで受け入れられる難民もあり、過去１０年の年平均は１９人程度である。いずれにせよ、日本の難民認定者数は申請者数の１％に達せず、アメリカ、ドイツ、フランスなど欧米諸国では、分母の申請者数が数十倍も多い上に、認定率（申請者数を分母とする認定者数の割合）が１５～２５％に上るから、日本の１００倍にもあたる認定難民を迎えていることになる。２０１９年１年間の難民認定数は、ドイツが６万９０００人、アメリカが４万４０００人、フランスが３万人などとなっている（難民支援協会の資料による）。では、なぜ日本は「難民受け入れ小国」にとどまっているのか。

難民受け入れとは

イミグレーションという国家ないし社会の行う活動のなかで、難民の受け入れは一点で、他のイミグレーションと区別される。それは、自国にあって迫害、排斥、抑圧の犠牲者となり、またはそうした恐れがあり、国外に出、他国に庇護を求める外国人を、それゆえに受け入れ、保護するという点である。人の受け入れを市場原理により、何らかの国益に沿うように、または文化や血のつながりの近さを理由に行うものとは、立脚点が異なる。「国際人権」という考え方があるが、今・ここにいる人が人道、人権上の脅威にさらされているとき、国籍・民族等にかかわりなく救済し、保護すること、という意味に解するなら、これが難民受け入れの理念でもあろう。

そのため、難民の受け入れ、とりわけ認定を、政府行政機関が行うのではなく、高度な自律性をもった専門機関にゆだねる国が少なくない。たとえばドイツの連邦移民・難民庁(BAMF)やフランスの難民・無国籍者保護局(OFPRA)は共に、そうした性格を与えられている。難民認定をもっぱら国連機関、UNHCRに任せる国もあるくらいである。

ちなみに、筆者の知るフランスの難民の受け入れ、認定のある一面は印象深かった。それは文化的つながりも旧植民地的絆もない国・地域、たとえばスリランカなどからも多くの難民申請者を受け入れ、認定を行ってきたことである(2019年の難民申請数2404人に対し認定数502人、日本のそれは15300人に対し1人)。筆者が滞在することのあるパリ市内のSホテルには、額《ひたい》につけた赤いビンディからタミル系と分かるスリランカ人女性がメイドとして働いている。他のメイドたちが英語が苦手ななか、英米系の客の要求や注文(「このシャツを洗濯に出したいが、糊を効かせないように」など)を一手に引き受けて処理してくれ、ホテルのオーナーも重宝していた。同女性と会話して、次のような言葉を聞いた。「フランス語が一言も分からない私たちを、フランスは受け入れてくれ、フランス語をきちんと教えてくれ、職にも就けてくれた。自分たちはリスペクトされていると感じました」

入管庁が審査・認定を行う

日本では、難民申請者の受け入れと認定の審査は、法務省の外局であるが、法務大臣の下にある出入国在留管理庁が行い、審査にあたる調査官は、法務省行政職である。これでは難民認定の審査の視点も制約されるのではないか。その一つは、難民条約の諸規定を固守するという傾向であり、「難民」の定義の狭い解釈になりがちな点である。また、いま一つは、後に述べる二国間関係への政治的判断がはたらきやすい点である。

条約の定める難民とは、約言すると、「人種、宗教、国籍もしくは特定の社会的集団の構成員であることまたは政治的意見を理由に迫害を受けるおそれがあるという十分に理由のある恐怖を有するために、国籍国の外にいる者」である。アメリカ、フランス、ドイツのように、難民を受け入れる伝統をもち、難民条約の採択（１９５１年）以前から自国の憲法やその前文に「自由のために活動し迫害を受けた者に、庇護を与える」といった宣言をうたう国は、条約に狭くとらわれない難民の解釈や審査態度を示す。日本ではどうか。難民の意味範囲を厳密に解釈し、難民認定の幅を狭めがちである。「政治的、宗教的、人種的、民族的迫害」や「迫害を受けるおそれ」の証明を申請者に求め、証拠書類などもてずに国外に出た彼らを困惑させる。

「迫害」「迫害のおそれ」の解釈が狭い

戦火、自然災害、人災事故、抑圧的社会因習等から逃れ、国外に出た人々は、難民と認められるのか。これは議論のあるところで、日本のように難民条約の規定遵守をいう国では、受け入れ・審査の対象になりがたい。しかし、欧米では、たとえばＦＧＭ（女性性器切除）の因習を逃れるため若い娘を伴い、入国許可を求めたアフリカ人女性を、難民として受け入れることも行われる。もっぱら条約依拠の日本の認める難民の範囲は狭い。迫害を受ける「十分に理由のある恐怖」(well-founded fear)の解釈にしても、「十分に」にアクセントを置くと、認定のハードルは高くなる。

こんなケースを想像してみる。アジアの一国の出身のジャーナリストをＸＹさんとする。自国内で圧迫を受けている少数民族の実情につき記事を書き、外国のメディアに送った。すると、政府筋と思われる人物から「なぜあんなことをしたか」と難詰めいた電話を受けた。これを危険な兆候と感じて、国外に出、来日後に難民申請をしたとする。認定はたぶんノーだろう。審査の際、当局の取り調べを受けたとか、逮捕状が請求されたといった「迫害を受けるおそれ」が証明できないと、難民認定まではいかないようである。

全国難民弁護団連絡会議は、その「声明」の中でこう懸念をあらわした。「２０１４年に難民の地位を認定された１１人のうち少なくとも１０人は法律専門家（内８人は全難連会員）からの法律支援を受けている。（日本の）難民認定制度は、法律家の支援なしには認定されることが極めて困難な制度となっている。法律支援にアクセスできる難民申請者は全体の１割程度しかいないのが現状である」（全国難民弁護団連絡会議「２０１４年の日本の難民認定状況に関する声明」『Migrants Network』１８０号、移住連、２０１５年）。難民たちが自力ではなかなか開けられない、〝開かずの扉〟を立てられているかのようである。

出身国により認定率に差

他方、難民認定率が難民の国籍国により大きな差があるのは、なぜか。

難民認定申請数上位のスリランカ、トルコ、カンボジアは、認定数は僅少またはゼロである。特にトルコ人に注目すると、難民申請者（１３３１人）のほとんどはクルド系であり、そもそも日本におけるトルコ人在留者総数が5000人程度であるから、この数字がいかに大きいかが分かる。ところが、難民認定はゼロであり、2019年には「人道的な配慮」を理由に12人に在留が認められたにとどまる。この傾向は以前から続いている。クルド系トルコ人については、ドイツ、オランダ、スウェーデンなど西欧諸国がかなりの数の難民認定を出している。どうして日本は、難民認定を拒んできたのか。なかば公然といわれていることだが、日本は、良好な関係にある親日国トルコとの間に緊張を生じさせないために、クルド系の難民認定を控えるという。同じような配慮は他のいくつかの国にもなされていると推定される。

難民受け入れへの日本のこうした向き合い方を傍証するような事実もあった。しばらく前になるが、法務省は「難民認定は純粋に人道的立場から行うのはむずかしい」としており、職員研修で使われた一テキストにも「当人が「友好国」の国民である場合、認定にやや慎重にならざるをえない」という文言があった(東京新聞、1998年7月16日)。これが省内の空気をつくり、そうした教育を受けた職員たちが、難民認定慎重論にくみしてきたのではなかろうか。

国際スタンダードに則った難民審査へ

世界の各国、各地域の政情、人権状況などについて専門的な知識と情報を集積している審査員体制があれば、またそれが、自律的な第三者的な機関であれば、政治的・外交的思惑に左右されず、審査を進められよう。だから、日本の難民受け入れについて、国際スタンダードに則った審査体制に近づけよ、という批判がかねてからあった。

そうした批判は無視しえず、政府は、難民認定の審査体制を一部改めた。難民審査参与員制度の導入（２００５年）がそれである。審査の結果、難民認定されなかった者は不服審査を請求することができる。この二次審査には、学識経験者、弁護士、難民支援団体関係者などから任命された審査参与員が参加することとなった。ただ、二次審査のみにかかわるので、全体からみればその関与は限られている。参与員の審査参加によって、難民認定の幅が広がり、認定数も増えるという変化はみられただろうか。

「ノン・ルフールマン」原則を守るとは

日本の難民認定数はまったく少数であるが、その他に一定数の者に「人道的な配慮」の名の下に在留特別許可を与えるということはなされてきた。難民認定は却下するが、日本にとどまり、生活しつづけることは認めるという扱いである。帰国を強いるなら、本国で処罰されるなど身の安全が保障されない者に対する措置とされ、いわゆる「ノン・ルフールマン」（送還禁止）

の原則（難民条約第33条）の適用ということだろう。

日本における難民保護の二つの形式

1　難民と認定された場合
在留資格「定住者」が与えられ、定住支援プログラムが適用され、日本語教育、日本での生活オリエンテーション、職業あっせんなどが提供される。原則として国民健康保険への加入資格、国民年金や児童扶養手当などの受給資格も得られる。

2　その他の保護――人道的な配慮による在留特別許可
難民の基準を満たしていないが、戦争、国内紛争などやむをえない理由で出身国に帰ることのできない者に与えられる。定住支援プログラムの適用はないが、正規滞在外国人としての資格、権利が認められる。

これは難民申請を行った者の扱いとして、重要である。だが、この「人道的な配慮」の件数も少ない（表8）。

審査の結果、認定を却下される者は多数におよぶ。そのなかで、右に該当する者はわずか数

表 8　年間の難民認定申請者数，難民認定数などの推移（2011〜21 年）

（人）

年	難民申請者数	難民認定数	人道的な配慮による在留許可数	「第三国定住」難民受け入れ数
2011	1,867	21	248	18
2012	2,545	18	112	0
2013	3,260	6	151	18
2014	5,000	11	110	23
2015	7,586	27	79	19
2016	10,901	28	97	18
2017	19,629	20	45	29
2018	10,493	42	40	22
2019	10,375	44	37	20
2020	3,936	47	44	0
2021	2,413	74	580	0

出所：法務省・外務省まとめ

十人から２００人くらいなのだろうか。たとえば、２０２０年の「人道的な配慮による在留許可」数は４４人である。なお、２０２１年には例外的に５８０人にのぼっていて、これは、後述する２０２１年２月のミャンマーの軍事クーデタによる、帰国困難な難民申請者の増加がかかわっていよう。

それはともかく、送還禁止の理由には、「ヒューマンファクター」といおうか、個人的、人道的理由を考慮しての送還ストップがあってよい。日本生まれである（難民申請者の子どもの場合）、病気である、妊娠している、学業途中である、等々。これらの理由による送還ストップは欧米諸国ではよく行われている。

難民申請の回数を制限してよいか

問題となるのは、難民不認定者などの送還を当然視し、これを急ごうとする入管当局の対応である。難民認定手続中は送還が一律停止されるが、不成立に終わった2021年入管法改正案では、本人による難民認定申請は原則2回とし、新たな理由がなければ3回目以降では退去強制を執行することとしていた。複数回申請してやっと認定されるケース、不認定宣告の後に、裁判所に訴えを起こし、在留が認められるケースもあるだけに、そうした措置は、申請者につねに残されるべき救済の機会を奪いかねない。

真に保護すべき人々を看過しないために

日本の難民認定数が少ないのは、そもそも申請者の数が少なく、少なければ難民と認定すべき真に迫害を受けて庇護を求める者がそこに含まれる蓋然性も小さくなるからだ、と論じる人もいる。それも一片の真実を含んでいるかもしれないが、より大きな真実は、過去半世紀にわたり難民受け入れに消極的で、難民認定も申請者数の1%以下という国に、情報に敏《さと》い、切実に庇護を求める外国人の多くは足を向けないということであるまいか。

しかし、それでもそんな日本に、数千人のクルド系トルコ人が庇護を求めてやってきているし、スリランカ、カンボジアなどからの申請者が年間1000人を超えている。なぜにこれらの申請者から難民認定が極端に少ないのか。真に保護すべき人々を看過していないかを正し、難民審査のあり方も見直さなければならない。それを通じ、「日本は難民を迎え入れる国である」というメッセージを世界に送るべきであろう。

移民受け入れとしての難民受け入れ

難民を受け入れ、保護することは、人道的、人権保障的な義務であり、国際貢献である。今の日本は残念ながらそうではないが、もしも庇護を求める外国人に救済の手を差し伸べる国になるなら、市民はそれに誇りを感じることだろう。他方、そのように保護された人々が日本を定住の地とし、雇用に就き、職業能力を活かし、活動を行うならば、結果として、それは有意義な移民受け入れにもなるだろう。

2015〜16年に、ドイツは、メルケル首相の決断もあり、100万人を超える大量のシリア等からの難民の入国、滞在を認めたことはよく知られている。この難民受け入れは社会的混乱を招き、多大の財政・資源負担を強いた、とする批判の声も高まり、メルケル政権は苦境にも立たされた。しかしその2〜3年後、経済界や地方自治体から、「受け入れた難民は、今では貴重な、欠かせない人材、労働力となっている」という声が聞かれるようになった。

日本はかつて、1万1000人を超えるインドシナ難民を受け入れ、結果的に、社会的・文化的に有意義な人材を迎えるという経験をしている。このことも想起し、今後、そうした難民受け入れの意義を認める声を聞きたいところだが、それにしては、難民と認定し、受け入れる数があまりにも少ない。まず、受け入れと認定の門戸をより大きく開くことである。

ミャンマーでクーデタ、緊急の難民保護を表明

その日本で近年やや注目したい動きがあった。

2021年2月、ミャンマーで国軍によるクーデタが起こり、アウンサンスーチーをリーダーに仰ぐ国民民主連盟(NLD)など民主派に弾圧が及び、一般国民による抗議と抵抗のデモが展開され、これにも弾圧による犠牲者が生まれた。日本滞在中のミャンマー人(約3万人)に、帰国できない、帰国を望まない人々が相当数生じた。この人々をどう処遇するか、法務省は対応を迫られた。折しも、先述のように、在日外国人の難民申請に制限をくわえる点を含んだ入管法改正案を提出、国会審議を進めていたが、これには日本の難民認定の極端な少なさを指摘する各方面からの批判が寄せられた。また同時期、入管施設に収容されてきた病いに苦しむス

リランカ人ウィシュマ・サンダマリさんを入院加療させず死亡させる(3月6日)という入管当局の人権無視の対応があり、世論の非難も高まる一方で、同改正案は5月中旬廃案へと追い込まれた。

法務省にはこれが深刻な反省と方向転換の転機となったのだろうか。それから暫時あって、5月28日、法務大臣は会見を開き、日本在留を希望するミャンマー人(留学生、技能実習生も含む)は、在留期間満了となっていても、就労可能な半年または1年の在留資格を与えること、およそ3000人いるとされた難民認定申請中のミャンマー人について迅速な審査を行い、不認定の場合も在留、就労を認める方針であること、そして約600人いる非正規滞在の人々にも、帰国を望まないのに帰すことはしないこと、を明らかにした。クーデタ後3カ月経ってのこの声明は遅すぎるとの感もあるが、しかし画期的といえる。

高まる難民問題への関心

そして踵を接してか、アフガニスタンの政変(米軍撤退後のタリバンの政権復帰)は日本に庇護を求める数百の人々を生み、さらに2022年2月のロシアのウクライナ軍事侵攻は、遠い日本にも2000人近い避難民をもたらしている。そして世論はかつてないほど、「難民を温かく迎えよ」、「滞在が長期化する以上、彼らの働ける場を用意すべきだ」という声を発するようになった。

発表された2021年の難民等の受け入れ数を見ると、既述のように「人道的な配慮」が580とかつてない数に達しているが、法相のあげた右の数字に比してどうだろうか。難民認定には時間がかかるので、数が示されるのは2022年以降になるだろうが、結果はどうなるか。

一方、従来あまりなかったことだが、地方自治体、地方議会からも、政府宛に人道的見地による難民政策の見直しを求める声が上がった。2020年12月、埼玉県川口市は、市内に居住する仮放免(国外退去を猶予)中のクルド人約500人の困窮状況を重く受け止め、彼らへの就労許可や健康保険の適用などを求める要望書を法務大臣に提出した。2021年7月、神奈川県鎌倉市議会は、本来保護されるべき外国人が救われず苦境に置かれていること、および、在留資格がなく退去強制事由に当たる者の上限なき長期収容につき、是正を求め、日本の難民行政を根本的に改めること求める意見書を可決、政府および衆参両議院議長宛に送った。これらは難民政策に変化を迫る力となりうるか。そう期待する声もある。

2018年12月，元気に登校する日系ブラジル人の小学生たち(提供＝共同通信社)

第6章

多文化共生の社会への条件

誰もが予測しなかった、その意味で突発的な、新型コロナウィルス感染があっという間に世界を覆い、人々を苦しめ、産業活動にも、社会生活にも、人と人の関係のあり方にも変化を強いているのを実感する今、10年後の日本社会がどうなっているか予測するのも、やや冒険に思える。

しかし、いくつかの基本条件が変わらないとして、社会・経済的、人口学的な予測を試みるなら、日本の、経済・社会諸分野での労働力需給のひっ迫は続きそうで、新たな分野での需要も予想され、外国人労働者の受け入れは相当なテンポで進むと見込まれる。それに、すでに143万人に達している移民(定住外国人)の次世代再生産がこれまでのテンポで進めば、国内からの移民(第二世代)の増加も加わり、2030年にはたぶん450万人程度の外国人/移民を擁する社会となっていよう。

1　少子高齢化と移民の受け入れ

毎年60万人超の移民の補充を――国連の報告

一方、すでに20年前だが、こんな指摘と勧告がわれわれを驚かせた。国連の人口部の2000年の報告「補充移民」(Replacement Migration)は、日本について種々推計を行い、1995年の生産年齢人口を維持するには、日本は今後50年間、年平均64・7万人(50年間で3200万人)を補充していかねばならないとした。これは先進諸国の少子化と長寿化により予測される人口減少、特に生産年齢人口の減少を、人の国際移動によって補う場合に必要な移動者数として算定したものである。

当時日本は、これに一驚したが、政府筋ではまともに受け止めず、深く検討しなかった。専門家からはこの頃すでに、生産年齢人口(15~64歳)は2020年までの間に十数%減少し、高齢人口が50%程度増加するとする推計は出ていた。国連のあげた数字より抑えているが、自民党の議連(外国人材交流推進議員連盟)は2008年6月に、人口減少社会への歯止めと社会の活力維持のため、今後50年間で、日本の総人口の10%(約1000万人)を移民が占める「多民族共生国家」を目指すと明記し、移民法の制定、「移民庁」の設置を求める提言をまとめていた(読売新聞、2008年6月8日)。これが政府を動かしたかどうかは分からない。だが、2010年代に入っての新規入国外国人数(観光、商用など短期滞在は除く)は、年間30万人を超え、50万人を超える年もあり、2014〜18年の5年間の年平均は約43万人に上る。国連の指摘が非現実だとはいえない域にある。政策的に特に受け入れ拡大がはかられたわけでもないのに、増えている。それだけ、この増加の意味と、それが何を要請しているかを、立ち止まって考えなければならない。

少子高齢化にどう対応するか――日本とドイツ

日本の合計特殊出生率は2000年に1・36で、先進国中ではドイツ(同年1・38)と並んで最も低い部類に属していた。その後、いわゆる少子化対策が国の政策として行われるものの(2003年の少子化対策基本法など)、はかばかしい成果は得られていない。ドイツも同様だったが、日本のように自然増(出生率アップ)を唯一の目標とはせず、社会増(イミグレーション)にも力点を置いてきた。ドイツ人の血を受けた人口を増やすということに執着せず、将来のドイツの社会、経済、福祉体制を支える人々を外からも迎えようという姿勢がそこには読み取れる。

実際、ドイツはこれまで、経済不況期に他の国が外国人労働者の受け入れを停止し、それを延長しつづける時でも、将来の人口減少に備えて移民受け入れのプランをもち続けてきた。家族呼び寄せも認めていく。1999年には国籍法を改正し、ドイツ生まれの外国人の子どもにドイツ国籍を付与する生地主義の原理を導入している。それに、ドイツが難民受け入れ大国であることも思い出しておこう。難民受け入れ自体は、人口政策と関係ないが、結果的に、受け入れられた難民がその国の労働力人口補充に寄与してきたのはすでにみた通りである。いずれの点も日本と違うが、このドイツに日本は学ぶことはあるはずである。

「定常型社会」へ、しかし活動人口の補充は必要

人口が減少すれば、それに見合ったサイズの、合理化・省力化の社会・経済運営をすればよい。経済成長を絶対目標化しない「定常型社会」へ、そのなかで「持続可能な福祉社会」の実現へ、という広井良典の構想（広井良典『持続可能な福祉社会』ちくま新書、２００６年）は多くの賛同を得ている。だが、それでも、人口の社会学的補正は必要となる。

いま起きている生産年齢人口（１５～６４歳）の減少は高齢人口の絶対的・相対的増加を伴う。６５歳以上人口は２０００年に約２２００万人だったが、２０２０年に約３６００万人へ、推計では２０３０年には約３７００万人へ、となる。生産年齢人口は、２０２０年の約７４００万人が２０３０年には約６８００万人へ減少し、社会の総活動力需要には応じられなくなり、高齢者の年金、医療費を支え、介護需要などに応えていくのも容易ではない。労働集約的産業

は存立がむずかしくなり、それに海外移転が不可能な建設業、地域の存立にかかわる地場産業、そして医療、福祉、介護などのケア産業も同様となる。だれがそれらを担うのか。外国人を迎え入れ、彼らにそれを担ってもらうことを除き、有力な選択肢があるだろうか。

外国人労働者の受け入れのあり方を改めて問い直す

この移民社会日本のあり方に、国際社会から、いくつかの批判が寄せられてきた。一つは、「研修」、「技能実習」、「定住者」、「留学」などの在留資格での人の受け入れは偽装された労働者受け入れではないか、これが不公正な人の受け入れと使役になっているとするものである。第二には、端的に、移民社会日本への認識の弱さないし欠如である。「わが国は移民を受け入れない」と現政権の保守系の政治指導者は言い、外国人労働者の定着をきらう制限措置を維持し、事実として進んでいる外国人の移民化に正面から向き合わず、移民の統合の政策がほとんど進められていない。第三の批判は、人の受け入れにおいてジェンダー差別がはたらき、女性移動者の就労・活動はエンタテイナー、または日本人家族のための再生産労働に限られ、「人身取引」の疑いが指摘された。そしてもう一点は、日本の難民受け入れ数の極端な少なさであり、この批判の意味は、右の三点とやや異なるが、日本のイミグレーション政策の問題点の一つにかかわる。

「フロントドアから」の受け入れへ

現行の社会を、多文化で、対等な、格差も差別もない共生社会に近づけるには、まず外国人あるいは外国人労働者の受け入れのあり方を変えねばならない。これまでたびたび触れてきた「サイドドアから」の外国人の受け入れの積み重ねが、格差化され差別化された移民層を生みつつあるといえるからである。

「サイドドアから」のと評されてきたこれまでの受け入れ方式は、特徴として一つには、労働者の受け入れとはみえない名目、建前で人の受け入れを行う点にあり、「研修」、「技能実習生」などがそれで、ある時期までの「興行」(エンタテイナー)もそうだったと思う。第二に、名目がそのようであれば、労働者の権利、地位、待遇の保障もなおざりにされ、低賃金、健康保険も雇用保険もなしの労働者として扱われやすかった。「サイドドアから」の受け入れの第三の意味は、有期、短期の雇用に就かされ、景気の変動によって雇い止めや、解雇されやすいことを意味する。日本語教育や市民教育もなしにいきなり労働現場に立たせるといった人の受け入れも、同様だったといえよう。

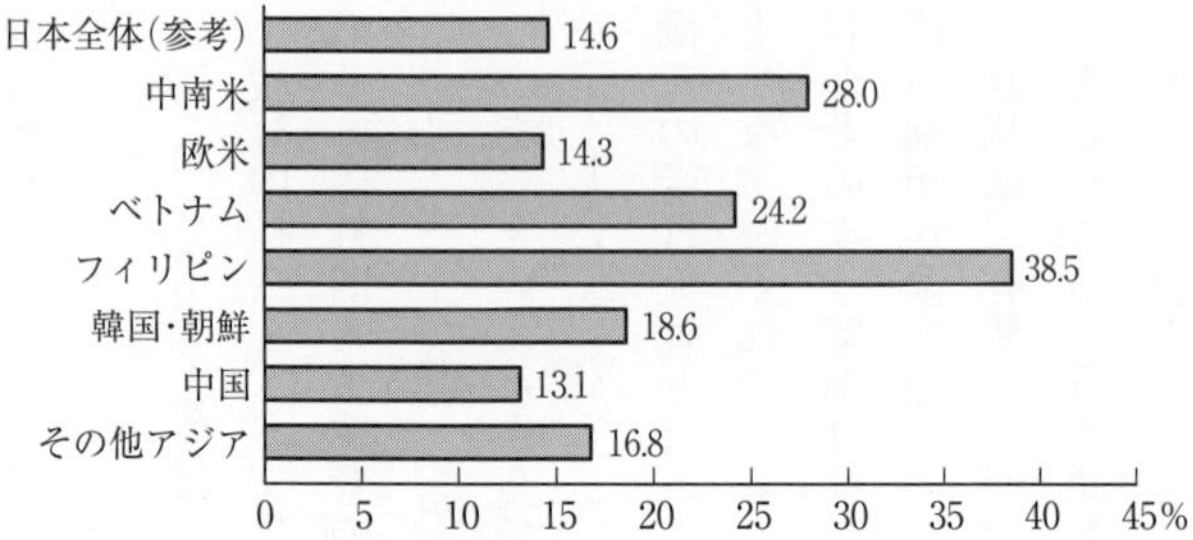

図７　国籍別相対的貧困率（川崎市，2016年）

こうした「サイドドアから」受け入れられた労働者が、定住化していくとき――現にそれが起こっていることを本書は示してきた――それが、被剥奪的な低階層をなす移民として現われてくる。外国人市民の国籍別の相対的貧困率を算出した川崎市外国人市民意識実態調査は、図7のような数字を明らかにしている。フィリピン人、中南米人、ベトナム人の労働者受け入れの背景がどのようなものだったかは、再度触れるまでもない。

であればこそ、今あらためて、「フロントドアから」の受け入れの意義と必要を確認しなければならない。それは、右のような限定も偽装もなく、労働者を正面から労働者として受け入れることであり、労働者の権利を保障し、労働基準法の適用を受け、日本人労働者と同等の待遇、休暇取得、社会保険の適用、労災認定が行われ、家族帯同がみとめられることである。また、ローテーション（短期交替）の有期雇用ではなく、継続的に働けるようにし、労使が欲すれば雇用期間、在留期限を更新できるようにし、技能を修得しながら企業に定着する道を開くべきだろう。

目指すべき「フロントドアから」の受け入れで、たぶんむずかしい点は、公正、透明な受け入れルールをつくる、または見いだすことである。二国間協定を結び、日本の公的機関（たとえばハローワーク〔公共職業安定所〕）が現地で募集し、受け入れ企業とマッチングを行い、雇用契約を結ばせ、国内の受け入れ機関（これもハローワークないしそれに準じる機関）に送り渡す、といった方式がとれればよい。あっせん業者の仲介が排され、中間搾取がなくなり、その分労働者の権利が守られ、待遇も改善されるはずである。

今や不可欠の医療・福祉分野の外国人人材

例示として医療、福祉、介護などのケアの分野に触れる。この分野で働いてくれる人々（看護師、介護職員など）を、相当の割合で外国人に仰がねばならない。ある専門研究者は、2025年の日本における看護師、介護職員の需要予測を、看護師158万人、介護職員170万人とし、これを満たすためには、待遇改善によって日本人の従事者をできるだけ増やし、その上毎年数万人ずつの外国人の入職者を確保しなければならない、という。ここでまさしく「フロントドアから」の受け入れがなされなければならない。

現状はといえば、医療・福祉の分野で働いている外国人は、4万3000人という報告があり（厚労省「「外国人雇用状況」の届出状況」2020年）、需要と期待からすれば、明らかに少ない。

なおドイツは、同じく看護、介護に携わる人材不足に直面し、国が主導してEU域外の国々（フィリピンも含む）から人の受け入れを行っていて、2019年1月「看護介護人材強化法」を施行、この国らしく二国間協定を結ぶ模様で、公費と雇用主負担の折半という受け入れ方式をとる。国家試験などの問題があるが、いったん資格を取得すれば、家族の呼び寄せ、永住も可能とされている。資格問題については、EU域内では医師、看護師の資格の相互認定制度がもう数十年来行われている。域外出身の看護、介護の就労希望者にも何らかの配慮がなされるのではないか。日本にとっても参考になる点があろう。

日本では介護職員に限っていうと、2020年の有効求人倍率が4に近いといわれるほどで、募集しても日本人の応募が伸びないなか、諸施設が外国人人材を求めるようになっている。まず、この職に就くことのインセンティヴを高めるための待遇の改善が、絶対に必要である。

介護職に就く外国人を迎えるルート（在留資格）は複数あって、介護福祉士（要国家試験合格）の資格を取得している者のための在留資格「介護」によって受け入れられると、期限なく勤めることができ、転職場の自由もあり、家族呼び寄せも認められる。だが、「技能実習」、「特定技能1号」などで受け入れられる介護労働者は、有期の雇用システムに乗せられ、継続的に働くことも、家族の帯同も許されない。果たしてそれでよき働き手を迎えることができるか。介護福祉士有資格者に限らず、他の介護労働者も、日本語を学び、職務をきちんと理解し、接する高齢者とよき人間関係をつくり、なるべく継続的に働いてもらえるよう、正規雇用で、家族呼び寄せも可とするなど、「フロントドアから」の受け入れを行うべきだろう。ある施設で介護の実習をしている南アジア出身の女性(28歳)は、「家族も呼んで、できるだけ長く日本で働きたい」と語っていた。

2　多文化共生の社会をめざす

多文化共生の社会とは

ここで少し視野を切り換える。

オールドタイマーの在日コリアンは今や外国人中のマイノリティになったが、定住民として地域のなかに生活と地位を築きつつあり、ニューカマー外国人の定着、定住もある程度進んでいる。先に見たように、家族移民化も進んでいる。それにより、職場でも、地域社会でも、団地などの居住空間でも、学校等でも、多文化（多民族、多国籍などの代替表現）の人の接触、相互行為などが行われるようになる。そこに摩擦、対立、相互無関心ではなく多文化共生は成り立っているのか、と人は問う。問いは、それとして重要である。

だが、多文化共生とは何か。次のような理解の仕方がある。「（多文化共生とは）国籍や民族などの異なる人々が、互いの文化的ちがいを認め合い、対等な関係を築こうとしながら、地域社会の構成員として共に生きていくこと」であるという（総務省「多文化共生の推進に関する研究会報告書」２００６年）。この定義（？）に異論があるわけではないが、「共生」の問題、条件の掘り下げが不十分だと感じる。

共生とは、コミュニケーション、相互理解、文化交流といったもので成り立つのだろうか。右の定義（？）に「対等な関係を築こうとしながら……」とあり、関係を変える努力を求めるのはよいが、現実はというと、日本で働き、暮らしている外国人／移民の多くは日本人と対等に職や地位に就き、収入を得ているとはいえず、社会的権利や政治的権利でも生活上の権利でも差別を被っている。これは、繰り返し論じてきた。たとえばフィリピン人Aさんは、自動車部品工場で働き、日本語習得につとめ、職場の日本人同僚とも、近隣の日本人住民ともコミュニケーションをとり、よき人間関係をつくっているが、自身は安い時給で働く、派遣労働者である。実際、コミュニケーションや相互理解が成り立てば、それで対等な生き方が実現されることにならない。移民第二世代というべきペルー人のT君、日本語の進歩がすばらしく、高校に進み、日本人の友人、知人も多かった。推薦入試で四年制大学に入ることができ、希望に燃えていたが、半年後、大学を中退してしまう。学費が払えなくなったからであり、工場労働者である親にはまったく援助を頼めなかったからだ。日本人の友人、知己があっても、彼よりはるかに安定した職、地位、収入を享受しているとき、彼らと「共に生きている」という実感は得られないだろう。対等ではなく、不平等、差別があって、生きられる世界に仕切りや格差があっては、「共生」をほとんど空語と感じさせる現実といえよう。

文化のちがいを認め、しかし生きるための文化を共有する

そのなかで共に生きるあるコミュニティを想定してみよう。職場でも、地域でも、学校でもよい。そこで成り立つ「共生」とはいったい何だろうか。それは、①かかわる人々の対等性、②文化のちがいの尊重と、生きるための文化の共有、③対話可能性、④必要なときに支援行動を生む連帯性、に求めたい。

「互いの文化的ちがいを認め合い……」というのは大事なことで、世上の議論ではよく「外

国人／移民は日本社会に溶け込むだろうか？」といい、同化の可能性如何《いかん》のようなところに向かうが、これは一面的な見方である。外国人／移民の固有の文化を尊重することが大事である。宗教信仰、子どもへの母語（または継承語）の教育が尊重され、衣食住にかかわる固有の文化の理解、承認がなされなければならない。しかし日本社会の構成員として生きていく以上、ある種の文化共有が必要になってくる。日本語の習得なしでよいということにならず、日本の制度、社会の仕組みについての知識の獲得も欠かせない。これらの習得、獲得を求めることは、文化的同化を強いることではなく、日本社会の構成員として生きていくのに必要な文化的能力を手に入れることを求めることである。

支援を通して共生の社会へ

じっさい、出自や出身文化が異なる人々でも対等に、不利なく生きられる社会があるとすれば、それは多文化共生の社会といえるだろうが、現実はそうなっていない。共生の社会に近づけるには、外国人／移民を支援しなければならない。支援するとは、まず彼らの被っている差別とたたかうことを意味する。それは容易なたたかいではないが、さまざまな運動主体によって取り組まれていることはすでに書いた。それに対し、彼らが日本で生き、働き、生活していくのにハンディキャップ(所与の不利な条件)を負っていることを考慮し、これを補い、さらには乗り越えさせるための支援も求められる。そうした積極的な支援なしで共生など成り立つはずはない。また連帯という感情なしに支援の行動もありえない。

そうした支援の第一は、日本語教育である。移民の言語能力を高めることは、彼らの労働能力の向上にも、生活情報の取得にも、社会参加能力を高めるのにも資するのである。日本語にハンディキャップを負っていない外国人／移民は少ない。ボランティアの運営する小さな日本語教室の役割もあるだろうが、一案として、新規入国中長期滞在予定外国人に無料かつ数百時間の日本語教育受講の機会を保障するのはどうであろうか。ドイツやフランスで実施されているように全面的に国費を充当して行うに値する。

次には、職業能力を高めるための支援であり、たとえば職業再訓練研修がそれであり、外国人または外国にルーツをもつ者を対象とし、より高度な職業資格を取得させるためのものである。日本ではあまり例がないが、フランスやイギリスでは、地方自治体や移民支援団体(財団)などが主催して、こうした研修講座を設けており、失業中だったり、求職中の移民たちのよりよい職業生活への復帰を助けている。

第三は、外国人／移民の第二世代の教育への支援である。これはたびたび触れたことだが、言語的不利が大きく、自助努力によってなかなか教育達成を得られない。子どもへの特別な支援はぜったいに必要で、プレスクール（就学前指導）、日本語指導学級（国際教室）などがそれに充てられてきたが、学校外でも、NGOやボランティアによる地域学習室などが学習支援を行ってきた。後期中等教育（高校教育）以降の学校への進学は、学力選抜（入学試験）を経て行われるのが普通だが、かなりの自治体（都道府県）が、進学率の低い外国人生徒への特別な支援を行い、日本語の負担を減らす特別試験を実施、一部、外国人生徒向けに入学定員枠の導入などをしている。これは、彼らが日本人生徒と共に、対等に学ぶ機会を開くために必要なことである。これは次世代がそのなかに生きる多文化共生の社会を準備するものだろう。

こうみてくると、目指すべき多文化共生の社会は、移民の統合の進められる社会だということが分かる。

反転はゆるされない——排外の動きに抗して

多文化共生の社会の実現を求めてきた視点からすると、2010年前後から吹き荒れるようになった〝排外〟をいう宣伝やデモ（ヘイト言動）は、理解を超える逆行現象とみえた。長らく日本社会の一員として暮らしてきた在日コリアンを「特権外国人」だとして、攻撃、憎悪の言葉をぶつける。さらにはコリアンに限らず、外国人が永住資格を与えられたり、生活保護を受けたりすることも不当な特権だとして攻撃する。こうした行動がなぜ、どんな背景があって取られるのかは、先に論じたので、繰り返さない。

世論もマジョリティはこのヘイトスピーチ、デマをいう排外の運動を、非難した。「ヘイトスピーチ解消法」が成立し、地方自治体によっては同趣旨の条例が制定され、法的な対抗、禁止措置がとられるようになった。

しかし根本的な問題は、ヘイトの言説が、なにかしら真実だと受け止められ、共感をよんで、同意、同調のメッセージがネット上で拡散されていくという傾向である。たとえば在日コリアンの「特権」云々の言説も、戦後史も知らない、教えられたこともなかった若者世代にはもっともらしく聞こえるかもしれない。２０２１年8月、コリアンの多住地区である京都府宇治市ウトロ地区における住宅、公共施設への放火はコリアン住民に多大の恐怖をあたえた。ヘイトクライムの典型というべきもので、逮捕された日本人（２２歳）は「韓国人に悪感情をもっていた」と述べるが、自身は、在日コリアンと直接の接触はなく、もっぱらネットから流される嫌韓メッセージの影響を受けたという（ウトロ地区は、戦時中この地に飛行場建設が試みられ、朝鮮人労働者が動員され、戦後彼らがそこに住み着いたもの）。

特に思うことは、日本の朝鮮の植民地化や中国侵略などを含むアジア現代史を十分に教えない日本の教育は、ナチスのヨーロッパ侵略、ホロコースト、人種差別などの歴史を〝これだけは知らねばならない〟として生徒に教えてきたドイツと比べるべくもない。今からでも遅くはないだろう。日本とアジアの関係の現代史を、生徒たちにきちんと教える必要がある。と同時に、ヨーロッパ諸国で「シティズンシップ教育」の名の下に行われている、多様な出自や属性をもつ人々が平等な市民として現代の社会を構成していて、彼らが討議し、連帯しながら社会や政治を動かしていることを教え、考えさせる教育を、日本も取り入れるべきだろう。

エピローグ

本文で正面から論じられなかった一テーマについて触れることで、「移民国家」日本論の補遺としたい。

近過去を振り返ると、20年ほど続いたニューカマー外国人の急増は2008年の国際的金融危機（リーマンショック）で一区切りとなったが、日本定住の志向はその頃からさまざまなかたちで示されるようになっていた。家族の呼び寄せ、永住者資格の申請の増加、子どもの日本の学校への就学と高校進学の重視などにそれが現われている。

外国人とその家族の多くが日本での長期滞在または定住を展望するようになり、子どもが日本で成長し、学校教育を受けることを望むようになった。すでに紹介したが、横浜市の外国人意識調査（2019年実施）では、有子の親に「中学校を卒業したあとどのような進路に進ませたいか」と尋ねて、回答者の84％が「日本の高校に通学させたい」と答えていた。家族共々

「将来も日本で生きる」ことを予定している者が、これだけの割合を占めている。

では、それら外国人の子どもたち——ここではもう「移民第二世代」とよんでもよいだろう——は、どのような存在であり、どのように生きていくのか。およそ32万人を数える18歳未満の在留外国人のうち、家族呼び寄せで来日した者と日本で出生した者とでは、後者が増える傾向にある。なお、国籍を問わずに移民第二世代の子どもの数を推定すれば、(手がかりとなる公表データはあまりないのだが)40万〜50万人になるかもしれない。

未成年の外国人の子どもの在留資格は、どう決められるのか。入管法によれば、子どもの在留資格は親の在留資格に従属するのが原則である。定住者的在留資格をもつ外国人が増えているために、未成年の外国人の子どもの約5割は、「永住者」か、またはそれに準じた在留資格の下にある。安定した資格を与えられていることは、当事者にとってよいことだ。

それでも残りの4割以上の子どもは、親の仕事が変わったり失業したりすると、それに従って在留資格が一方的に変更されたり、失われたりすることも起こりうる不安定な状況下にある。たとえばネパール人のJ君は、親が「技能」という在留資格で調理人として働いてきたが、リストラされ、次の職がなかなか見つからず、在留資格も失う。それにより、彼も「在留資格なし」とされ、親と共に退去強制の対象とされてしまう。幼少時から10年もの間、日本で教育を受けてきて親の母国の言語も満足に使えないならば、親の母国に送還されることは不安そのものだろう。それゆえ、日本で生まれ育つ外国人の子どもには、親の在留資格に縛られない、事実上無期限であるような滞在資格を与えるべきではなかろうか。

移民第一世代の多くは、提供された雇用に就いた。しかし第二世代は、日本の学校で教育を受け、日本語をきちんと習得し、日本の社会、文化についての知識を身に付け、職業や地位を獲得していかねばならない。だが、日本の学校での彼らの学業達成は容易ではない。多くの研究者が指摘してきたように、漢字・漢語を含む日本語の書記体系のむずかしさは、彼らの学習困難の大きな要因だろう。日本語未習の状態で小学校3年生のクラスに編入したブラジル人の児童は、「とても漢字を覚えられない」といって、5年生で不登校になった。またJ君のように、日本生まれでも、親や家庭を通して日本語を習得するという環境がまったくない場合もある。

公立中学校に在籍する外国人生徒の43％が、「日本語指導が必要」であるということ、これら外国人中学生の高校進学率が64％にとどまっていること（いずれも文科省の調査データによる）は、第二世代の進路選択のむずかしさ、生き方の選択の困難を暗示している。彼らへの学習支援、進路支援がもっと強力に行われねばならない。

第二世代の置かれている境遇と彼らの思いは複雑である。その多くは、たとえ親たちが母国に帰国することがあっても、日本を自分たちの生きる場だと考え、なんらかの職をもちずっとこの国に生きていくことになろう。となれば、いつまでも「外国人」でいるより、日本のシティズンシップ(国籍、市民としての権利)を得たいと思うかもしれない。あるコリアン少年は地方公務員として勤めたい、またあるフィリピン人少女は将来教員になり英語を教えたいという希望をもっている。もし日本生まれで、日本に生きてきたことをもって日本国籍が付与されるなら、そうした職業的将来も容易に開かれるだろう(もちろん、外国籍であることを理由に公務員や学校教員への採用や任用に制限を設ける差別とたたかうことは大切であるが)。

欧米諸国では、出生地主義(jus soli)の国籍法を採用し、幼少年期から、外国人であることを理由に差別されることを避けるため国籍を付与している。有名なフランス国籍法の一節には「フランスで生まれた(外国人の)子は、親の少なくとも一人がフランス生まれなら、出生と同時にフランス人となる。そうでなくとも、フランス生まれの子は、11歳以降5年以上継続的にフランスに居住していれば、フランス国籍を(自動的に)与えられる」とある。もちろん、これは単一国籍を強制するのではなく、従前の国籍も生涯維持することができる重国籍を認めた上でのことであり、このことは重要である。

日本では生地主義による国籍付与は行われず、重国籍も認められていない。そのため移民第二世代は、ずっと外国人として生き続けることになる。そのことによる不利益・差別をこうむることなく、自らのアイデンティティを肯定しながら、のびのびと生きられる社会をつくるためにも、生地主義と重国籍容認は実現されていかねばならないと考える。これは、「開かれた移民社会」のための重要な条件ではなかろうか。

ここで現実に立ちもどると、移民第二世代の子どもたちの、教育上の、職業上の進路にはかなり分化がみられるようだ。少なくみても3分の1ほどの子どもは、中学校卒業、さらには中退で学校を去っているが、それではこれという職に就けず、日雇いも含め非正規の雇用を転々とする底辺労働者の生活が待ち受けている。一方で、一部だが、高校を卒業し専門学校やさらには大学まで進み、日本人と同じ職業キャリアに挑戦する者も出てきている。コリアン系、中国系の若者にはそうした抱負をいだく者は比較的多い。

しかし、それ以外にも、先ほどあげたフィリピン人の生徒のように、本当にコンスタントに努力し、よき指導者に恵まれて、高校に進み、大学の推薦入試を突破する者も出てくる。ついでにいえば、先に述べた中学校でドロップアウトした少年、少女たちが、やはりこのままではだめだ、と思い直して、たとえば夜間中学に通い直す例が、かなりあるという。この公立学校は全国で40校(2022年10月現在)あって、通う生徒の8割は外国人で、10代後半の生徒は間違いなく高校進学希望者であると学校関係者から聞いた。

彼らを励まし、進路づけをし、働くにせよ、学ぶにせよ、その他の活動をするにせよ、居場所と社会参加機会を与えること、社会にその用意がなければならない。偏見にもとづく差別を克服する意識的な努力も社会の側に求められる。「移民国家」とは、そうした自省性をもつ社会から切り離されてはならない。

引用・参考文献

明石純一『入国管理政策——「1990年体制」の成立と展開』ナカニシヤ出版、2010年
荒牧重人・榎井縁・江原裕美・小島祥美・志水宏吉・南野奈津子・宮島喬・山野良一編『外国人の子ども白書——権利・貧困・教育・文化・国籍と共生の視点から』明石書店、2017年
有田芳生『ヘイトスピーチとたたかう!——日本版排外主義批判』岩波書店、2013年
カースルズ、S&M・J・ミラー(関根政美、関根薫訳)『国際移民の時代［第4版］』名古屋大学出版会、2011年
加藤節・宮島喬編『難民』東京大学出版会、1994年
上林千恵子「外国人労働者の権利と労働問題」宮島喬・吉村真子編『移民・マイノリティと変容する世界』法政大学出版局、2012年
川崎市『川崎市外国人市民意識実態調査報告書』1993年
川崎市『川崎市外国人市民意識実態調査報告書』2015年
関東弁護士会連合会編『外国人の人権——外国人の直面する困難の解決をめざして』明石書店、2012

年
金敬得『在日コリアンのアイデンティティと法的地位』明石書店、１９９５年
国籍問題研究会編『二重国籍と日本』ちくま新書、２０１９年
駒井洋監修・津崎克彦編『産業構造の変化と外国人労働者――労働現場の実態と歴史的視点』明石書店、２０１８年
近藤潤三『移民国としてのドイツ――社会統合と平行社会のゆくえ』木鐸社、２００７年
高谷幸『追放と抵抗のポリティクス――戦後日本の境界と非正規移民』ナカニシヤ出版、２０１７年
田中宏『在日外国人――法の壁、心の壁〔第3版〕』岩波新書、２０１３年
丹野清人『越境する雇用システムと外国人労働者』東京大学出版会、２００７年
趙景達『植民地朝鮮と日本』岩波新書、２０１３年
坪谷美欧子『「永続的ソジョナー」中国人のアイデンティティ――中国からの日本留学にみる国際移民システム』有信堂高文社、２００８年
宮島喬『外国人の子どもの教育――就学の現状と教育を受ける権利』東京大学出版会、２０１４年
宮島喬『現代ヨーロッパと移民問題の原点――１９７０、８０年代、開かれたシティズンシップの生成と試練』明石書店、２０１６年
宮島喬『多文化共生の社会への条件――日本とヨーロッパ、移民政策を問い直す』東京大学出版会、２０２１年

宮島喬・太田晴雄編『外国人の子どもと日本の教育——不就学問題と多文化共生の課題』東京大学出版会、2005年
宮島喬・藤巻秀樹・石原進・鈴木江理子編『開かれた移民社会へ』〔別冊環24〕藤原書店、2019年
宮島喬・鈴木江理子『新版 外国人労働者受け入れを問う』岩波ブックレット、2019年
梁泰昊・山田貴夫『新 在日韓国・朝鮮人読本——リラックスした関係を求めて［新版］』緑風出版、2014年

Alba, R, P. Schmidt and M. Wasmer (eds.), *Germans or Foreigners? Attitudes toward Ethnic Minorities in Post-Reunification Germany*, Palgrave Macmillan, 2003
Banting, K and W. Kymlicka (eds.), *Multiculturalism and the Welfare State: Recognition and Redistribution in Contemporary Democracies*, Oxford University Press, 2006
Boswell, C., *European Migration Policies in Flux: Changing Patterns of Inclusion and Exclusion*, Wiley-Blackwell, 2003
Lacroix, T., *Migrants: L'impasse européenne*, Armand Colin, 2016
OECD, *International Migration Outlook 2020*

宮島　喬

1940年生まれ．お茶の水女子大学名誉教授．専門は国際社会学．東京大学大学院社会学研究科博士課程中退．お茶の水女子大学教授，立教大学教授，法政大学教授を歴任．
著書—『ヨーロッパ市民の誕生——開かれたシティズンシップへ』(岩波新書，2004年)，『多文化であることとは——新しい市民社会の条件』(岩波書店，2014年)，『現代ヨーロッパと移民問題の原点』(明石書店，2016年)，『新版 外国人労働者受け入れを問う』(共著，岩波ブックレット，2019年)，『多文化共生の社会への条件』(東京大学出版会，2021年)ほか．

「移民国家」としての日本
——共生への展望　　岩波新書(新赤版)1947

2022年11月18日　第1刷発行
2024年 8 月 6 日　第2刷発行

著　者　宮島《みやじま》　喬《たかし》

発行者　坂本政謙

発行所　株式会社　岩波書店
〒101-8002 東京都千代田区一ツ橋2-5-5
案内 03-5210-4000　営業部 03-5210-4111
https://www.iwanami.co.jp/

新書編集部 03-5210-4054
https://www.iwanami.co.jp/sin/

印刷・三秀舎　カバー・半七印刷　製本・牧製本

ISBN 978-4-00-431947-4　　Printed in Japan

岩波新書新赤版一〇〇〇点に際して

ひとつの時代が終わったと言われて久しい。だが、その先にいかなる時代を展望するのか、私たちはその輪郭すら描きえていない。二〇世紀から持ち越した課題の多くは、未だ解決の緒を見つけることのできないままであり、二一世紀が新たに招きよせた問題も少なくない。グローバル資本主義の浸透、憎悪の連鎖、暴力の応酬――世界は混沌として深い不安の只中にある。

現代社会においては変化が常態となり、速さと新しさに絶対的な価値が与えられた。消費社会の深化と情報技術の革命は、種々の境界を無くし、人々の生活やコミュニケーションの様式を根底から変容させてきた。ライフスタイルは多様化し、一面では個人の生き方をそれぞれが選びとる時代が始まっている。同時に、新たな格差が生まれ、様々な次元での亀裂や分断が深まっている。社会や歴史に対する意識が揺らぎ、普遍的な理念に対する根本的な懐疑や、現実を変えることへの無力感がひそかに根を張りつつある。そして生きることに誰もが困難を覚える時代が到来している。

しかし、日常生活のそれぞれの場で、自由と民主主義を獲得し実践することを通じて、私たち自身がそうした閉塞を乗り超え、希望の時代の幕開けを告げてゆくことは不可能ではあるまい。そのために、いま求められていること――それは、個と個の間で開かれた対話を積み重ねながら、人間らしく生きることの条件について一人ひとりが粘り強く思考することではないか。その営みの糧となるものが、教養に外ならないと私たちは考える。歴史とは何か、よく生きるとはいかなることか、世界そして人間はどこへ向かうべきなのか――こうした根源的な問いとの格闘が、文化と知の厚みを作り出し、個人と社会を支える基盤としての教養となった。まさにそのような教養への道案内こそ、岩波新書が創刊以来、追求してきたことである。

岩波新書は、日中戦争下の一九三八年一一月に赤版として創刊された。創刊の辞は、道義の精神に則らない日本の行動を憂慮し、批判的精神と良心的行動の欠如を戒めつつ、現代人の現代的教養を刊行の目的とする、と謳っている。以後、青版、黄版、新赤版と装いを改めながら、合計二五〇〇点余りを世に問うてきた。そして、いままた新赤版が一〇〇〇点を迎えたのを機に、人間の理性と良心への信頼を再確認し、それに裏打ちされた文化を培っていく決意を込めて、新しい装丁のもとに再出発したいと思う。一冊一冊から吹き出す新風が一人でも多くの読者の許に届くこと、そして希望ある時代への想像力を豊かにかき立てることを切に願う。

（二〇〇六年四月）